Olhe as luzes, meu amor

FÓSFORO

ANNIE ERNAUX

Olhe as luzes, meu amor

Tradução do francês por
MARIANA DELFINI

1ª reimpressão

O hipermercado no fim da rua está sempre aberto: as portas automáticas deslizam impassivelmente pra lá e pra cá, recebendo e dispensando fluxos de gente o dia todo. O ambiente, iluminado por lâmpadas fluorescentes, é tão impessoal e tão eterno que emana ao mesmo tempo bem-estar e alheamento. Lá dentro, você consegue esquecer que não está sozinho, ou que está.

Rachel Cusk, *Aftermath*

VINTE ANOS ATRÁS, ME VI FAZENDO COMPRAS num supermercado em Košice, na Eslováquia. Tinha acabado de abrir, era o primeiro da cidade depois da queda do regime comunista. Não sei se vinha daí seu nome, Prior. Na entrada, sem perguntar nada, um funcionário da loja enfiava uma cesta de compras na mão das pessoas, constrangidas. Ao centro, empoleirada numa plataforma de no mínimo quatro metros de altura, uma mulher vigiava o ir e vir dos clientes que perambulavam entre as gôndolas. Em tudo o comportamento deles transparecia a falta de costume de servir a si mesmos. As pessoas ficavam muito tempo paradas na frente dos produtos, sem tocar neles, titubeando cautelosamente, davam meia-volta, indecisas, numa hesitação imperceptível de corpos que se aventuram num território desconhecido. Estavam descobrindo o supermercado e suas regras, que a gerência do Prior apresentava sem sutilezas, com a cesta de compras obrigatória e a sentinela lá no alto. Fiquei perturbada com esse espetáculo de uma entrada coletiva no mundo do consumo, captada logo nas primeiras horas.

Lembrei da primeira vez que entrei em um supermercado. Foi em 1960, na periferia de Londres, e ele se chamava apenas Supermarket. A dona de casa para quem eu trabalhava como babá *au pair* me mandara até lá, munida de um carrinho de feira — não gostei nada daquilo — e uma lista de compras. Não tenho lembranças muito claras do que pensei e senti. Só sei que experimentei certa apreensão por ir a um lugar que me era estranho tanto pelo modo como funcionava quanto pela língua, que eu não dominava. Logo me acostumei a flanar por lá na companhia de uma menina francesa, também babá *au pair*. Ficávamos encantadas e excitadas com a variedade de iogurtes — nos momentos de anorexia — e a multiplicidade de docinhos — nos momentos de bulimia —, concedendo a nós mesmas a liberdade de devorar um pacote inteiro de Smarties na loja, sem pagar.

Somos nós que escolhemos nossos objetos e lugares de memória, ou talvez seja o espírito do tempo que decide o que vale a pena recordar. Os escritores, artistas e cineastas ajudam a elaborar essa memória. Os hipermercados, frequentados em média cinquenta vezes por ano pela maioria dos franceses há cerca de quarenta anos, estão apenas começando a figurar entre os lugares dignos de ser representados. Mas quando olho para trás, percebo que cada período da minha vida está associado a imagens de grandes estabelecimentos comerciais, com cenas, encontros, pessoas.

Eu me lembro:

do Carrefour da Avenue de Genève, em Annecy, onde, em maio de 1968, enchemos até o topo um carrinho de compras — que ainda chamávamos de *chariot*, não *caddie* — porque temíamos a penúria total de víveres

do Intermarché de La Charité-sur-Loire, afastado da cidade, com seu outdoor OS MOSQUETEIROS DO ATACADO, a recompensa das crianças depois de visitar castelos e igrejas nas férias de verão, assim como era o Leclerc de Osny depois das aulas. Esse mesmo Leclerc no qual, anos depois, encontrei ex-alunos que não reconheci de imediato, e no qual lágrimas me vieram aos olhos quando pensei que nunca mais compraria chocolates ali para minha mãe, que tinha acabado de morrer

do Major ao lado do rochedo de Sancerre, do Continent perto da universidade na parte alta de Rouen, do Super-M em Cergy, marcas que, ao desaparecerem, acentuam a melancolia do tempo

do Mammouth de Oiartzun, aonde nunca fomos, apesar do nosso desejo de comprar ali, antes da fronteira, um estoque de chouriço e torrone — mas estava sempre tarde demais —, e que virou piada interna da família, símbolo dos contratempos e de tudo o que é inacessível.

Os supermercados e hipermercados não se reduzem à utilidade que têm na economia doméstica, à chatice de fazer compras. Eles despertam pensamentos, gravam sensações e emoções na memória. Histórias de vida poderiam ser escritas, sem dúvida nenhuma, a partir dos grandes estabelecimentos comerciais que frequentamos. Eles fazem parte da paisagem infantil de todo mundo com menos de cinquenta anos. À exceção de uma categoria restrita da população — habitantes do centro de Paris e de cidades grandes antigas —, o hipermercado é um lugar familiar a todos, que frequentamos como um hábito já incorporado à vida, mas sem conseguir dimensionar a importância que ele tem na nossa relação com os outros, no modo como construímos vínculos com nossos contemporâneos do século 21. Se pararmos para pensar, não existe outro espaço público ou privado onde se encontrem e convivam lado a lado tantas pessoas diferentes: em relação a idade, renda, cultura, origem geográfica e étnica, aparência. Não existe outro espaço fechado em que cada um se veja assim, dezenas de vezes por ano, diante dos seus semelhantes, em que cada um tenha a oportunidade de vislumbrar o modo de ser e viver dos outros. Os políticos, os jornalistas, os "especialistas", todas essas mulheres e homens que nunca puseram os pés num hipermercado não conhecem a realidade social da França de hoje.

Em diversos momentos olhei para o hipermercado como um grande encontro humano, como espetáculo. Na primeira vez que senti isso intensamente, foi com uma vergonha indefinida. Eu havia me isolado num povoado do Nièvre na baixa temporada, para escrever, e não conseguia. Ir ao Leclerc, a cinco quilômetros de distância, era um alívio. Alívio por me misturar a desconhecidos, por "ver todo mundo", justamente por reencontrar o mundo. A presença necessária do mundo. Descobri assim que sou como todas as pessoas que vão dar uma volta no shopping para se distrair ou fugir da solidão. Comecei espontaneamente a descrever o que via nesses grandes estabelecimentos.*

Foi, portanto, sem pensar duas vezes que escolhi os hipermercados para "narrar a vida", a nossa vida, hoje. Vi aí a oportunidade de registrar o dia a dia real desses lugares, fugindo do discurso batido e muitas vezes marcado pela aversão que esses supostos não lugares provocam, e que não corresponde de modo algum à minha experiência neles.

Dessa maneira, relatei a maioria das minhas visitas, entre novembro de 2012 e outubro de 2013, ao hipermercado Auchan de Cergy, que costumo frequentar pela praticidade e por prazer, motivos que se devem essencialmente à localização dele no maior shopping center do departamento de Val-d'Oise, Les 3 Fontaines. Com acesso pela calçada a partir da estação de RER, o trem metropolitano, e, de carro, diretamente da rodovia A15,

* *Journal du dehors* [Diário da vida lá fora]. Paris: Gallimard, 1993; *La Vie extérieure* [A vida exterior]. Paris: Gallimard, 2000.

o Les 3 Fontaines foi construído no coração do bairro de Cergy-Préfecture. Num mesmo lugar estão concentrados todos os serviços públicos — prefeitura, agência de correios, órgãos de auxílio à moradia e cobrança de impostos, estações de RER e de ônibus, o banco Caisse d'Épargne, delegacia, teatro, midiateca, conservatório, piscina, pista de patinação etc. —, muitas instituições de ensino superior (Faculdade de Letras, Escola Superior de Ciências Econômicas e Comerciais, Escola Nacional Superior de Eletrônica e suas Aplicações, Escola Nacional de Arte) e bancos privados. De tal forma que esse lugar — chamado inclusive de Grande Centro — poderia ser definido como uma somatória, talvez uma junção, de grandes concentrações urbanas, que criam uma movimentação considerável durante o dia e, à noite, um deserto.

O shopping ocupa a maior área construída dessa região. Uma fortaleza retangular enorme, de tijolos vermelhos amarronzados, cuja face maior, a que está virada para a rodovia, é feita de vidros espelhados que refletem as nuvens. A face oposta, que dá para a parte residencial e para uma torre de apartamentos, é coberta de tijolos, como uma fábrica antiga do Norte. Depois da construção, em 1972, em uma das extremidades foi acrescentada uma ala perpendicular, onde se instalou uma Fnac. Estacionamentos imensos distribuídos em vários andares, metade deles cobertos, circundam três lados do prédio. O acesso ao shopping se dá por dez pórticos; alguns deles, monumentais, lembram a entrada de um templo meio grego, meio asiático, com suas quatro colunas coroadas por duas coberturas em forma de arco, a mais alta de vidro e metal, transbordando graciosamente para os lados.

O shopping Les 3 Fontaines estabelece um novo tipo de centro de cidade: propriedade de um grupo particular, ele é completamente fechado, vigiado, e ninguém pode entrar ali fora de determinados horários. Contornar seu volume silencioso tarde da noite, ao sair da estação de RER, é mais desolador que passar por um cemitério.

Três andares reúnem todo tipo de comércio e serviço, capaz de atender ao conjunto completo das necessidades das pessoas: hipermercado, lojas de roupas, cabeleireiros, centro médico e farmácias, creche, restaurantes fast food, bancas de jornal e tabacaria etc. Há sanitários gratuitos e aluguel de cadeiras de rodas. Mas o único café, Le Troquet, o cinema Les Tritons e a livraria Le Temps de Vivre desapareceram. Há poucas lojas de grife. Os clientes pertencem majoritariamente às classes média e baixa.

Para quem não está acostumado, o lugar é desnorteador — não como um labirinto, a exemplo de Veneza, mas por causa de sua estrutura geométrica, em que a cada esquina formada pelos corredores justapõem-se lojas fáceis de confundir. É a vertigem da simetria, reforçada pela clausura do espaço, apesar da luz do dia que entra por um vidro no lugar do telhado.

O hipermercado Auchan ocupa dois andares, somando quase metade da área do shopping. Ele é o coração de tudo e irriga todas as outras lojas com seus clientes. Pode-se notar sua supremacia na fachada do shopping, onde seu nome se espraia em letras gigantescas, eclipsando aquelas mais reduzidas da Fnac e da Darty. Nos estacionamentos, todos os abrigos dos carrinhos trazem o logotipo dele, vermelho, com um pássaro. É a única loja que fica aberta por tanto tempo — das oito e meia da manhã às dez da noite, enquanto as outras só abrem das dez às oito. Dentro do shopping, o Auchan se configura como um território autônomo; além de alimentos, eletrodomésticos, roupas, livros e jornais, também dispõe de serviços: venda de ingressos, viagens, fotos etc. De certo modo oferece o mesmo que outras lojas, como a Darty, isso quando não as expulsa do shopping, onde não há mais padaria, açougue, loja de vinhos etc. O primeiro andar, de produtos não alimentícios, tem a forma de um retângulo comprido. Uma escada rolante leva ao segundo andar, com o dobro da área, dividido em dois corredores que se comunicam, mas posicionados perpendicularmente, o que, ao limitar o horizonte infinito das mercadorias, atenua a impressão de amplitude. Todos os acessos são vigiados por seguranças.

São assim os espaços que eu percorria, sempre com minha lista de compras em mãos, mas agora me esforçando para prestar um pouco mais de atenção que de costume em cada ator desse lugar, funcionários e clientes, assim como nas estratégias de venda. Fazendo, portanto, não uma pesquisa, nem uma exploração sistemática, e sim um diário, formato que combina mais com meu temperamento, que tem uma inclinação pelo modo impressionista de apreender coisas e pessoas, o clima. Um livre registro das observações, sensações, para tentar capturar alguma coisa da vida que se desenrola ali.

2012

Quinta-feira, 8 de novembro

Está frio e cinza. Uma espécie de arroubo de prazer diante da ideia de ir até o Les 3 Fontaines, comprar no Auchan umas coisas de que estou precisando. Como uma interrupção no trabalho de escrita, uma distração sem muito esforço num lugar conhecido.

Ao cruzar uma das cancelas que permitem entrar (pagando) nos estacionamentos, uma série de armadilhas pode sobrevir, o que já de saída dá um caráter aborrecido às compras: ter que rodar longamente até encontrar uma vaga que não fique no fundo do estacionamento, longe de uma entrada, descobrir que não se tem uma moeda de um euro para pegar um carrinho, ou que, além de estar emperrando as rodinhas de um lado, esse carrinho que você acabou de pegar está cheio de restos do usuário anterior. Ou, ao contrário, dar de cara com uma vaga, já livre ou sendo liberada, e bem perto da sua entrada favorita, o que traz uma satisfação, uma sensação de sorte. Ou então pegar um carrinho limpo e fácil de conduzir. Hoje tive essa sorte dupla.

Bastante movimento nos corredores do shopping — ainda estamos no feriado prolongado do Dia de Todos os Santos —, um pouco menos dentro do Auchan. Como o Halloween passou, está tudo preparado para o Natal. Na entrada, uma estrutura enorme de garrafas decoradas: GARRAFA DE CHAMPANHE POR 6,31 EUROS, DESCONTO DE 20% COM O CARTÃO AUCHAN — sem a indicação da marca. Caixas de chocolate. Decoração para a mesa, para a árvore. Cartazes amarelos a perder de vista, com OFERTA em letras pretas enormes. Mas pouquíssima gente neste andar, como se as pessoas resistissem a essa temporalidade comercial, esperando o momento certo ou, mais provável, o salário no fim do mês.

Os brinquedos ocupam várias gôndolas rigorosamente separadas em "Meninos" e "Meninas". Para eles, a aventura — Homem-Aranha —, o espaço, o som e a fúria — carros, aviões, tanques de guerra, robôs, saco de pancadas —, tudo disponível em tons fortes de vermelho, verde, amarelo. Para elas, o doméstico, a faxina, a sedução, as bonecas. "Meu minimercado", "meu kit de limpeza", "minha minicozinha", "meu ferro de passar roupa", "meu kit de cuidados com o bebê". Um "kit de comidinhas" transparente está cheio de croissants e outros alimentos de plástico, uma coisa repulsiva, algo entre as fezes e o vômito. Avistar uma maleta de médico no meio desse arsenal doméstico quase me traz alívio. A reprodução do papel social não se atenta a sutilezas nem à imaginação: tudo igual ao da mamãe, mas em miniatura. Na prateleira da frente, as cores açucaradas dos estojos de maquiagem, penteadeiras com um espelho e uma poltrona para se arrumar, fantasias de Branca de Neve e de princesas. Mais distante, uma gôndola de dez metros de comprimento, com bonecas de cima a baixo. Propaganda de uma Barbie dirigindo um Volkswagen, 29,90 euros. Fico perturbada de raiva e impotência. Penso no grupo feminista Femen, é aqui que elas precisam vir, é na origem que nossos inconscientes são moldados, vir e fazer uma bela pilhagem de todo esse legado. Eu venho junto.

Um pouco mais longe, no espaço da livraria, apenas uma cliente — uma mulher madura — passeia entre as mesas. A cada vez que me aventuro por ali, saio triste e desanimada. Não que meus livros não estejam lá — alguns estão, na seção "livro de bolso" —, mas, com algumas exceções, a seleção obedece a um único critério, ser um best-seller. Os "mais vendidos" se espalham ao longo de três metros, numerados de um a dez, em algarismos enormes, como nas corridas no hipódromo de Longchamp. Aquilo que podemos chamar de literatura ocupa apenas uma fração mínima desse espaço, dedicado a manuais, passatempos, guias de viagens, livros religiosos etc.

Noto um letreiro no alto:

EM RESPEITO AOS NOSSOS CLIENTES, É PROIBIDO LER REVISTAS E OUTRAS PUBLICAÇÕES NA LOJA. AGRADECEMOS A COMPREENSÃO.

O que mais me irrita nessa proibição é o pronome possessivo "nossos", substituindo o esperado "os". Nem eu, nem as outras pessoas somos propriedade do Auchan, muito menos sócios do mercado: os clientes dele não são meus, nossos. Esse "nossos" é de uma hipocrisia típica.

Em cima, no andar dos produtos alimentícios, muita gente, o clima de férias escolares é bem palpável. Sente-se no ar a despreocupação, o passeio. Muitos não têm nem carrinhos, nem cestas de compras. No corredor central, perpendicular às fileiras de gôndolas, adolescentes andam devagar, contornam carrinhos de casais idosos, de mulheres rodeadas de crianças que se divertem correndo, indo e voltando. Uma menina tira o fone de ouvido do celular para responder algo à mãe. Outra, na prateleira de água mineral, no fundo da loja, faz um telefonema com a cabeça apoiada contra um fardo de água Evian: "você foi autorizado a tirar fotos ou não?". É possível se afastar e conversar serenamente com alguém, tanto num hipermercado quanto num jardim.

O carrinho de limpeza do piso, conduzido por uma mulher loira de uniforme azul, na casa dos cinquenta anos, abre caminho entre as pessoas, com dificuldade. Esse papel delicado de motorista, que tem um aspecto majestoso — dominar os clientes, do alto de sua poltrona —, me parece mais valorizado que o do funcionário alocado na reposição dos produtos, talvez seja um engano.

Os outros funcionários que andam pela loja — vendedores, encarregados de setores, operadores de páletes etc. — usam o mesmo uniforme: um colete preto sem mangas com um colarinho meio estilo chinês, e AUCHAN escrito em grandes letras brancas.

Vejo um deles conversando com intimidade com um cliente asiático, cujo carrinho contém apenas quatro sacos grandes de arroz comum. Me dou conta de que não conheço ninguém que trabalha aqui.

Até hoje, sempre me recusei a ter um cartão de fidelidade Auchan. Quando perguntavam no caixa, como num ritual, "a senhora tem o cartão de fidelidade?", eu respondia com o mesmo ritual, "não sou fiel a ninguém!", o que é um grande exagero. Eu simplesmente não queria me submeter à estratégia de incitação ao consumo praticada por todos os hipermercados. Hoje respondi "o que é preciso fazer para ter um?", por curiosidade, para saber que tipo de informações eu seria obrigada a fornecer. Para minha surpresa, nenhuma. Recebi na mesma hora, da mão do operador do caixa, um cartão com o nome Auchan, com um código de barras no verso. É o jeito mais rápido e discreto de vincular o cliente à marca, pelo sistema de "bônus" no qual se acumulam euros conforme se obedece à indicação de comprar esse ou aquele produto.

Segunda-feira, 12 de novembro

De tarde. Na entrada do Auchan, para a compra pequena de hoje, peguei só uma cesta com rodinhas, funda, de plástico vermelho, fácil de transportar.

Passo na frente da banca quase deserta da peixaria. Cheiro forte apesar do gelo, é inevitável com o calor que faz na loja toda. À direita da banca, impressionantes camadas sobrepostas de bacalhau salgado, como um telhado inclinado feito daquelas telhas cinzentas antigas. No chão, caixas fechadas e empilhadas de bacalhau: dez quilos, sessenta e cinco euros. Uma mulher negra com um vestido longo de flores para, titubeia, vai embora.

[Dilema. Vou escrever "uma mulher negra", ou "uma africana" — não tenho certeza de que o seja —, ou apenas "uma mulher"? Estou diante de uma escolha que, hoje mais do que nunca, influencia o modo como este diário será lido. Escrever "uma mulher" é apagar uma característica física que é impossível não ver de imediato. Em suma, é implicitamente "embranquecer" essa mulher, uma vez que o leitor branco vai imaginar, pelo hábito, uma mulher branca. É recusar algo do seu ser, e que não é pouco, a pele. Recusar-lhe textualmente a visibilidade. Isso é o exato oposto do que eu quero fazer, do meu compromisso de escrita: conceder às pessoas aqui, neste diário, a mesma presença e o mesmo espaço que elas ocupam na vida do hipermercado. Não se trata de fazer um manifesto pela diversidade étnica, apenas conceder às pessoas que frequentam o mesmo espaço que eu a existência e a visibilidade a que elas têm direito. Por isso vou escrever "uma mulher negra", "um homem asiático", "adolescentes árabes", quando eu assim desejar.]

Frutas e legumes. Uma ilhota cheia de uva Itália a granel. Muitas pessoas pegam um ou dois bagos e comem, num gesto mais ou menos discreto, uma espécie de permissão coletiva, limitada a algumas uvas por pessoa e monitorada pelo olhar dos outros. Fazer a mesma coisa com maçãs ou peras extrapolaria esse direito tácito. Estou justamente nas maçãs. Um funcionário descarrega caixas delas. Pergunto se tem a importada do Canadá, as poucas que restaram na banca estão feias.

"Vou pegar agorinha pra senhora!", e põe à minha frente uma caixa cheia. "É pra torta? Eu faço no forno, prefiro no forno."

"Eu faço no micro-ondas, só dez minutinhos."

Ele me ensina a usar a nova balança digital. Gosta de conversar. Sou velha o bastante, e ele, jovem o bastante para que essa conversa não passe de uma gentileza. Queria perguntar quanto ele ganha. Não tenho coragem. Não consigo sair da minha condição de cliente.

De repente aparece um homem desfilando por um corredor espaçoso, levemente desequilibrado, com apenas uma lata de Red Bull aberta na mão. Nem cesta, nem carrinho. A outra mão no bolso de trás da calça jeans, que escorregou um pouco. Um gorro enfiado na cabeça. Começo a me afligir por ele, por causa das câmeras de segurança — eu ainda não tinha identificado onde elas ficavam — e dos vigias. A população que frequenta este Auchan se torna mais diversa etnicamente a cada ano, mas os sem-teto, os sujeitos meio bêbados desapareceram. Instituiu-se uma espécie de "consumidor normal", seja por coerção dos seguranças na entrada, seja por autoexclusão.

No caixa de autoatendimento, aguardo atrás de um sujeito com rabo de cavalo, sobretudo de couro preto, botas Doc Martens. Esse tipo de caixa, restrito a "até dez volumes", é usado principalmente por jovens, há poucas pessoas com mais de cinquenta anos. Desconfio que para muita gente ele pareça complicado, ainda que um funcionário fique por perto para oferecer ajuda. Uma máquina fica livre. Mais uma vez, levo bastante tempo para executar as diversas tarefas. Quando vou guardar minhas compras numa sacola plástica (paga, três centavos), percebo que outra sacola ficou grudada nela e não foi contabilizada pela máquina. Sem querer, burlei o sistema. Depois me pergunto se o caixa de autoatendimento consegue detectar caso um código de barras seja substituído por outro, ou algum outro esquema. Esse tipo de dispositivo provoca uma indiferença moral. Diante de uma máquina, não se tem a sensação de estar roubando.

Sexta-feira, 16 de novembro

Cinco da tarde. Destino, drogaria do Auchan, localizada dentro do hipermercado, perto de outros produtos de higiene e perfumaria, mas autônoma, com o próprio caixa e uma vendedora que pode dar orientações. Por serem estreitos, os corredores obrigam a deixar o carrinho na entrada. Um cartaz: SEXTA-FEIRA 30% DE DESCONTO NA SEGUNDA UNIDADE. Devido a um grande e previsível movimento de clientes — sobretudo mulheres, há poucos homens —, há uma vendedora a mais, confiante, mas nervosa, talvez "subordinada" à vendedora de sempre (a postura de autoridade é visível no corpo, nos gestos). Entra um grupo de meninas, brancas e negras, entre elas uma mãe jovem com um filho no carrinho. Elas se amontoam na frente da prateleira de maquiagem, confabulam alegres no seu pequeno concílio, umas grudadas nas outras. Uma mulher euroasiática de certa idade hesita diante dos alimentos diet, acaba pegando um kit com dois pacotes de biscoitos Milical em oferta.

Como em algumas gôndolas de alimentos orgânicos, na drogaria as pessoas se demoram. Ficam meditando na frente de produtos para recuperar a silhueta, o funcionamento do intestino, o sono, para ser e viver melhor. São as seções dos sonhos e desejos, da esperança. Seções terapêuticas, de certa forma, mas a melhor coisa do produto é o que vem antes de ele ir para o carrinho.

Mesmo que eu não tenha intenção de comprar nada, os brinquedos exercem uma atração sobre mim. Talvez a mesma atração que levou três jovens de vinte e poucos anos a passear por este setor. Eles param de repente diante das máscaras. Um deles toca na embalagem de plástico transparente de um Robots in Disguise e começa a contar suas lembranças, exaltado — "eu tinha um desses!". Eles parecem felizes, adoravelmente pueris.

Uma moça passa devagar entre as bonecas. A menininha que a segue, entre seis e oito anos, pede sei lá qual. A mãe a puxa, dizendo "vamos, você vai ganhar uma do Papai Noel verde". Trata-se do Papai Noel da associação Socorro Popular, que distribui brinquedos para crianças de famílias pobres.

Fila na peixaria, sinal de adesão generalizada à tradição católica. Na verdade, a única crença que leva a comprar peixe às sextas-feiras é a de que nesse dia ele está mais fresco do que nos outros.

Ali perto, acima das embalagens de carne recém-cortada, uma boa quantidade de cartazes espalhados: CARNE POR MENOS DE 1 EURO; AS OFERTAS MAIS BARATAS DO AUCHAN; CARNE, 1 EURO POR PESSOA.

Linguajar humanitário de sedução. O mercado calcula o custo da porção por prato, mas qual será o peso? Não dizem, talvez esteja escrito em letras pequenas.

Na altura da seção de produtos importados, seguida por prateleiras de comida halal e kosher, existe um canto onde ninguém nunca se aventura, uma espécie de versão reduzida da Grande Épicerie do Bon Marché. Com títulos presunçosos, Adega de Azeites, Adega de Massas. A garrafa de 300 ml de azeite L'Olivier custa catorze euros e tudo segue essa lógica, tudo caríssimo, temperos, biscoitos e conservas Albert Ménès, À La Table de Mathilde. Será que manter este território preservado, sempre vazio, faz parte do estatuto do Auchan? Foi aqui, embaixo da prateleira das geleias, que um dia vi um belo de um camundongo fugindo. Com certeza os roedores escapam das câmeras de segurança mais facilmente que nós.

Como existem bem mais pessoas muito pobres do que muito ricas, o setor de superofertas ocupa uma área cinco vezes maior. Até 2007 ele ficava num espaço próximo ao dos orgânicos, que ainda era pequeno, no cruzamento dos dois corredores do segundo andar, mas todo mundo o atravessava para ir de um lado para o outro. Talvez avaliando que seria mais rentável expandir e multiplicar a parte de orgânicos — caros — nesse espaço estratégico, a direção deslocou o das superofertas para o fundo do mesmo andar, num enclave compartilhado com os produtos para animais. É menos discrepante que no meio da loja. Quem não tem cachorro nem gato pode muito bem ignorar a existência dessa seção. Aqui é onde se abastecem os *come-barato* — expressão de Thomas Bernhard —, e isso está explícito. Se a comida para gatos e cachorros têm uma aparência suculenta e alegre, com embalagens coloridas, os produtos de baixo custo para os humanos, bem ao lado, são qualquer coisa, menos atrativos, empilhados em páletes no chão ou em expositores feitos de caixotes de madeira. Até as embalagens refrigeradas têm um aspecto lamentável. Tudo é vendido em grandes quantidades, trinta ovos, catorze pãezinhos com chocolate por 1,89 euro. Sem marca, apenas o nome do produto em letras grandes — "couve-de-bruxelas", "bolinho", "bolo de chocolate" —, ou com marcas genéricas, café Premium, ratatouille Larroche — as etiquetas se gabando da qualidade de produtos sem qualidade, azeite Belhuil.

Na frente, uma seção grande, a Self Discount, que exibe recipientes com todo tipo de doces e bolachinhas, a serem postos em saquinhos e, na sequência, pesados numa balança.

Aqui, o linguajar habitual da sedução, feito de falsa benevolência e promessa de felicidade, é substituído pelo da ameaça explícita. Ao longo de toda a seção Self Discount, uma faixa avisa: PROIBIDO CONSUMIR NO LOCAL, e outra, em cima, mais polida:

PROIBIDO CONSUMIR NO LOCAL.

AGRADECEMOS A COMPREENSÃO.

A VIDA. A VERDADEIRA VIDA. AUCHAN.

Em cima da balança, a tentação da fraude é antecipada: "Caros clientes, informamos que o peso e o conteúdo dos produtos são fiscalizados no caixa, em amostragem aleatória". Aviso reservado às pessoas supostamente perigosas, uma vez que não está fixado em cima das balanças do espaço de frutas e legumes, na parte "normal" da loja.

Surge uma mulher com um menininho ruivo ao lado de um carrinho de bebê. Ele corre em direção aos doces. "Sammy! Sammy!", grita a mãe. Ele já afundou a mão numa caixa e lhe traz, triunfalmente, um punhado de balas. Sorrio ao ver a cena. A mãe não sorri e evita olhar para mim.

No caixa, uma discussão entre uma avó e a neta de uns seis, oito anos.

"Você quer o Kiki ou o perfume? O que você prefere?" [Parece que o perfume já está na cesta.] "Não se pode ter tudo na vida. Você acha que a vovó tem tudo o que quer? Então você também não."

"Quero o Kiki."

A avó tira o perfume da Walt Disney da cesta e o deixa numa gôndola vizinha com balas, enquanto a neta vai buscar o Kiki. Ela volta apertando-o nas mãos. É um macaquinho. Num gesto rápido, sub-reptício, a avó pega de volta o perfume e o joga na cesta, sem dizer nada, com cara de desagrado. Ela sabe que é errado fazer isso, mas vai fazer mesmo assim. Porque quer deixar a neta feliz. Porque ama ser amada por ela. No mundo do hipermercado e da economia liberal, amar as crianças é comprar a maior quantidade de coisas possível para elas.

Terça-feira, 20 de novembro

Só depois de muito tempo eu soube que o Auchan pertence a uma família, os Mulliez, que são donos também das empresas Leroy Merlin, Kiloutou, Decathlon, Midas, Flunch, Jules etc. Imagino que poucas pessoas, dessas tantas que vieram aqui hoje, saibam disso. Me pergunto o que essa descoberta muda para mim. Trata-se de sombras. Seres míticos. Antigamente, em Annecy, corria o boato de que a família Fournier — fundadora do primeiro Carrefour da cidade — comia em louças de ouro.

Sábado, 24 de novembro

Chego no começo da tarde no Les 3 Fontaines. Trânsito no estacionamento. Já na entrada sou surpreendida por uma clientela diferente da dos outros dias, mais casais e famílias, muitos com crianças pequenas, mais mulheres com lenço cobrindo o cabelo. Muito palpável o clima de efervescência, gastança — ou desejo de gastança —, potencializado pela grande quantidade de pessoas. Algo como Compras do Mês. Os carrinhos estão transbordando.

Em todo canto se vê a "magia do Natal". Guirlandas escorrem em chuva de prata por cima de escadas rolantes e vãos.

Nesta época, mais do que em qualquer outra, o shopping fica parecendo uma catedral gótica flamejante.

Na entrada do Auchan, mulheres de cabelo grisalho, com jeito de voluntárias, distribuem sacolas transparentes. É o dia da coleta nacional do Banco de Alimentos. Uma delas me entrega um folheto com a lista dos produtos que aconselham a comprar, alimentos em conserva, açúcar, café, óleo. Ela diz que também precisam de produtos de higiene e alimentos para bebês. Depois, gentilmente: "massa não, por favor, no ano passado recebemos três toneladas!". Ah, malditos doadores. Está bem, sem avareza nesse gesto de bondade. Que se faça um esforço extra de imaginação. O desconforto e o desafio de fazer caridade. Faço questão de passar reto pelos produtos mais baratos, de comprar "como se fosse para mim". A sensação alegre de que gastar o tempo para escolher uma papinha de legumes verdes com frango e chocolates Rik & Rok é mais honroso que doar dinheiro. Caridade saudável. [Depois, ao esvaziar os produtos da sacola transparente na esteira do caixa, tive a impressão de que a compra daria uns cinquenta euros. Quando verifiquei, vi que superestimei o valor da minha ação: apenas vinte e oito euros.]

Na seção dos queijos, presto atenção em um casal jovem. Eles estão hesitantes. Como se não estivessem acostumados, como se aquilo fosse novo para eles. Fazer compras juntos pela primeira vez é o prelúdio de uma vida em comum. É conciliar os gostos, o orçamento, combinar no que diz respeito à alimentação, essa necessidade primária. Convidar um homem ou uma mulher para ir ao supermercado não tem nada a ver com convidar para ir ao cinema ou para beber alguma coisa. Não há como se pavonear para conquistar o outro, não há possibilidade de enganação. Você gosta de queijo Roquefort? Reblochon? Este aqui veio direto do produtor. E se fizéssemos um frango assado?

Tem menos gente na seção de brinquedos do que se poderia imaginar. Um casal de avós examina com ansiedade uma boneca grande, como se daqueles lábios vermelhos e daqueles olhos fixos fosse emanar o sinal de que é ela, e não outra, que eles devem escolher. Um homem puxa o filho para longe dos carrinhos de controle remoto, "venha, vamos procurar a mãemãe". Durante toda a minha infância ouvi e falei "mãemãe", e não "mamãe". O homem que acaba de me trazer isso à lembrança é de origem africana ou antilhana.

Fala-se sempre das compras do fim de semana como uma "chatice". Falta de consciência ou má-fé. Elas podem ser consideradas a contrapartida da prosperidade, de um trabalho fruto da abundância. A subsistência sempre demandou trabalho, antigamente muito mais do que hoje, a não ser para as pessoas privilegiadas, cujas empregadas domésticas se encarregavam disso.

E, nesta tarde, as pessoas visivelmente não estão com pressa.

Na saída, caixas de papelão desmontadas, empilhadas no chão mesmo. As mulheres do Banco de Alimentos separam os produtos que lhes entregamos, óleo aqui, café acolá etc. Impressão brutal de um mercado de pobres, exposto à luz do dia.

Quarta-feira, 28 de novembro

Um incêndio destruiu uma fábrica de roupas em Bangladesh, cento e doze pessoas morreram, a maioria mulheres, que trabalhavam por um salário de 29,50 euros por mês. O prédio tinha nove andares e não poderia ter mais de três. Os operários ficaram presos lá dentro, sem conseguir sair.

Essa fábrica, Tazreen, produzia camisas polo, camisetas etc. para Auchan, Carrefour, Pimkie, Go Sport, Cora, C&A, H&M.

É claro que, descontando as lágrimas de crocodilo, não somos nós, que usufruímos com alegria dessa mão de obra escravizada, que vamos mudar qualquer coisa. A revolta só pode vir das próprias pessoas exploradas do outro lado do mundo. Até mesmo os desempregados franceses, vítimas da transferência das indústrias para outros países, estão bem felizes de poder comprar uma camiseta por sete euros.

Quinta-feira, 29 de novembro

Como uma aberração, num corredor de alimentos do Auchan uma moça elegante, de vestido de mangas curtas, arrasta uma mala de rodinhas. Talvez tenha desembarcado do RER e esteja aproveitando que o shopping é perto para fazer umas compras.

Aqui, mais do que em qualquer outro lugar, tenho dificuldade em examinar e classificar o momento presente, o significado de tudo isso que está acontecendo diante dos meus olhos enquanto sigo em frente. Só consigo ver os corpos, a aparência e os gestos das pessoas. O que colocam nas cestas, nos carrinhos. Disso deduzo mais ou menos o nível de vida delas. O essencial permanece invisível para mim, dissimulado sob os carrinhos que transbordam no fim de semana, essa ponderação interminável que cerceia a maioria das pessoas, entre o preço dos produtos e a necessidade de se alimentar. Quanto menos dinheiro se tem, mais minucioso o cálculo para fazer as compras, sem chance de erro. E o tempo. Fazer uma lista do que precisa comprar. Marcar no folheto de ofertas o que vale mais a pena. É um trabalho administrativo não contabilizado, obsessivo, a que se dedicam intensamente milhares de mulheres e homens. O início da riqueza — da leveza da riqueza — pode ser medido assim: pegar alimentos numa prateleira sem olhar o preço antes. A humilhação imposta pelas mercadorias. Elas são caras demais, então eu não valho nada.

Se alguém quiser sentar, no segundo andar há apenas duas pequenas cadeiras de plástico, na passagem entre os dois corredores, perto de um bebedouro. O hipermercado foi pensado para ter a circulação mais eficiente possível. As cadeiras o atravancariam e estimulariam o descanso. Os locais de consumo são definitivamente concebidos como os locais de trabalho, com um intervalo mínimo para um rendimento ótimo. As cadeiras em geral estão ocupadas por mulheres de certa idade, segurando na alça dos carrinhos de compras à frente, ou por mães com crianças, dando-lhes de comer ou beber.

No espaço da livraria, apenas um homem, que folheia *A vida secreta dos grandes personagens da História*. Lado a lado, estão expostos: *O Alcorão sagrado*, *O Alcorão para leigos*, *A Bíblia para leigos*. Talvez só nos hipermercados esses livros possam ser encontrados e folheados sem que se tenha medo de ser visto por alguém.

As pessoas tiram fotos em todos os lugares, o tempo todo. Dentro do Auchan, no entanto, nunca vi ninguém usar o celular para fotografar. Será que é permitido?

Quarta-feira, 5 de dezembro

Quatro da tarde. Chuva. No shopping, não se vê o tempo passar. Ele não está inscrito no espaço. Não dá para identificá-lo em lugar nenhum. Há substituição de lojas, rodízio de departamentos, reposição de mercadorias, novidades que não mudam essencialmente nada. Que seguem sempre os mesmos ciclos, das promoções de janeiro às festas de fim de ano, passando pelas promoções de verão e de volta às aulas.

Neste momento, cruzar uma das portas do shopping é deparar-se brutalmente com uma efervescência e uma euforia, as coisas cintilando, todo um mundo inconcebível para quem está lá fora, no frio do estacionamento, na frente deste Kremlin de tijolos.

Muita gente na seção de brinquedos do Auchan. Muitas crianças. Rigorosamente separadas. Não tem nenhuma menina na frente dos carros e dos acessórios do Homem-Aranha, nenhum menino na frente das Barbies, das Hello Kitties, das bonequinhas Rik & Rok que choram.

Muito tempo atrás, meu filho de dois anos quis uma boneca. Como os pais dele pensavam que se interessar pelo sexo oposto expressava um desejo e uma curiosidade legítimos, ele ganhou uma.

Na grande área de telefones e computadores — com o título NOVAS TECNOLOGIAS, ACESSÓRIOS —, a maioria dos clientes é masculina, e todos os vendedores são meninos, jovens, geralmente bem-apessoados, caminhando descontraídos entre as bancadas, seguros de seu conhecimento em matéria de novas tecnologias. Num relance, eles compõem uma espécie de aristocracia, que não se furta a adotar certa condescendência com relação aos clientes, sobretudo as mulheres. Duas delas, justamente, estão pedindo informações para comprar um celular para uma garota, "mas simples, só para o caminho de volta da escola", o que provoca risos e piadas nos dois caras do balcão. Eu preciso de um pen drive. Tenho plena consciência de que pedir ao vendedor que se desloque para me explicar quantos gigabytes devo escolher expressa uma ignorância crassa, comprovada pelo sorrisinho dele. É uma seção consideravelmente viril. E também a seção onde há mais vendedores, não raro desocupados. Não tem nenhum funcionário na livraria.

Impossível subir ao segundo andar sem ver a peixaria, localizada na saída da escada rolante. Tem congro, cação por 6,99 o quilo, mexilhões por 2,99 euros, cauda de tamboril por 14,95 euros. Os preços estão em letras gigantescas, sempre no mesmo fundo amarelo-limão. Me dou conta de que essa exuberância tem efeito hipnótico, eu poderia jurar que esses peixes estão literalmente *de graça*. Os funcionários desse setor circulam velozes, de botas e avental azul, touca na cabeça. Um sujeito que parece o encarregado do setor, rosto jovem, cabelos grisalhos sob a touca, tira o gelo de uma caixa, em grandes punhados, e o joga em cima da bancada. Mostra para outro funcionário como organizar os robalos em paralelo antes de jogar uma camada fina de gelo por cima deles. Ele pergunta o que desejo. "Nada, estou só olhando vocês." "Ah." "É que estou escrevendo sobre hipermercados."

De repente ele fica interessado. Pergunto há quanto tempo ele trabalha no Auchan. "Vinte anos!", diz, com o orgulho que a longevidade confere a um emprego, a um casamento, à própria vida etc. Especifica: "aqui, na peixaria, faz onze!". Orgulho acima de tudo de seu trabalho, que não é de alguém que executa, e sim de um encarregado, em todos os sentidos — escolha, preparação e venda —, de um alimento frágil. Durante nossa conversa, ele não perde sua bancada de vista. Um cliente acaba de chegar. Ele se afasta na hora, pedindo desculpas.

Como o açougueiro, o padeiro e o queijeiro, graças ao conhecimento, ele goza de uma autonomia e de uma responsabilidade que o diferencia dos demais. Antes de serem funcionários do Auchan, são pessoas com um *ofício*, são artesãos. Constituem uma espécie de nobreza, em geral masculina.

Os caixas clássicos estão lotados. Relutante, caminho até os automáticos, reservados para no máximo dez volumes. Na minha frente, um homem sozinho, cerca de cinquenta anos, com um pedaço de pizza de 1,75 euro, uma baguete no celofane, bananas e mexericas. Atrás, universitários contando lembranças da época da escola. Um deles segura um pote de sorvete Häagen-Dazs. Como sempre, uma das quatro máquinas disponíveis não está funcionando. Fico aliviada por pegar a mais distante da fila e dos olhares ansiosos grudados em você, os outros clientes avaliando a probabilidade de passar mais rápido pelo caixa de acordo com a sua destreza ou falta de jeito. A perversão do sistema dos caixas automáticos: a irritação provocada por uma operadora de caixa considerada lenta é transferida para o cliente.

E é mesmo um sistema penoso, terrorista, em que as indicações devem ser seguidas à risca para que se consiga levar embora as mercadorias. Uma operação que se divide em etapas impossíveis de driblar, senão a voz artificial autoritária repete "deposite o produto na balança, escaneie o código de barras" todas as vezes que não é obedecida. A impressão é de que a máquina vai ficando cada vez mais irritada, que a ela parecemos lamentáveis e incompetentes. Hoje não fui submetida a nenhuma reprovação da voz e, numa vaidade de boa aluna, tive a sensação de passar com dez.

Tenho cada vez mais certeza de que a docilidade dos consumidores não tem limites.

Sexta-feira, 7 de dezembro

Quinze para as nove da noite. No shopping, todas as lojas estão fechadas há quarenta e cinco minutos. Algumas delas, como a farmácia, baixaram uma cortina de ferro. Outras têm uma espécie de véu metalizado por cima da vitrine levemente iluminada, o que permite entrever o expositor numa luz filtrada. As luzinhas de Natal estão parcialmente apagadas, as ruas cenográficas em semipenumbra. As pessoas com quem cruzo têm aspecto fantasmagórico. Sentimento de desolação, mais do que em outras noites em que venho já tarde ao Auchan — única loja aberta, além do McDonald's e do Flunch. O encanto desvaneceu até amanhã de manhã. Lembro de um conto perturbador de Jon Raymond, "Young Bodies" [Corpos jovens], no qual uma menina e um menino se veem presos na loja de um shopping uma noite inteira, sem conseguir sair por medo de disparar o alarme.

Toda a luz se abrigou no hipermercado, bastante vazio. Na área da drogaria, uma vendedora embala meu xampu e guarda o dinheiro no caixa sem interromper uma conversa ao telefone. De noite, quando o horário de fechar se aproxima, há uma espécie de relaxamento permitido, de lentidão cansada na conduta dos funcionários.

As gôndolas estão reviradas, de um jeito imperceptível. Esburacadas. Não tem mais açúcar de confeiteiro. Páletes meio vazios. Impressão de chegar a um banquete quando os convivas já foram embora.

Como sempre, percebo que os clientes da noite, mais jovens, de maior diversidade étnica, contrastam com os do dia. O horário de fazer as compras segrega a população do hipermercado. De manhã cedo é a hora dos casais de aposentados, lentos e organizados, com a sacola reutilizável dentro do carrinho de compras, o talão de cheques, do qual destacarão cuidadosamente uma folha quando chegarem ao caixa, sem esquecer de anotar no canhoto o valor que pagaram.

No meio da tarde há muitas mulheres sozinhas — de certa idade, ou jovens acompanhadas de crianças —, que fazem as compras com carrinhos de feira de tecido plastificado, sinal de que vieram a pé ou de ônibus, pois não sabem dirigir ou não têm carro.

A partir das cinco da tarde, uma movimentação de pessoas saindo do trabalho. Um ritmo rápido, bagunçado, toma conta dos espaços. Crianças pequenas de uniforme da escola com as mães. Estudantes adolescentes. Entre oito e dez da noite, universitários e, em menor quantidade que em outros momentos do dia, mulheres de vestidos longos e véus amplos, sempre acompanhadas de um homem. Será que esses casais optam pela noite por comodidade ou porque se sentem menos *observados* a essa hora tardia e com menos gente?

Algumas pessoas, algumas populações, não se cruzam nunca.

O jornal municipal me informa que há cento e trinta nacionalidades no território de Cergy. Em nenhum outro lugar elas se encontram tanto quanto no shopping Les 3 Fontaines, no Auchan. É aqui que nos acostumamos com a convivência com todo tipo de gente, movida pelas mesmas necessidades básicas de nos alimentarmos, nos vestirmos. Querendo ou não, aqui constituímos uma comunidade unida pelos desejos.

Há quinze anos, não é a presença de "minorias visíveis" que observo em um lugar, mas sua ausência.

Quarta-feira, 12 de dezembro

Há quinze anos o estacionamento do shopping passou a ser pago, por causa dos usuários do trem que deixavam o carro lá o dia todo e impediam que os clientes estacionassem. Mas, como lembra um aviso espalhado por todos os cantos, há um período de gratuidade de duas horas e meia. Se quase sempre conseguimos entrar sem nenhum incidente — você aperta o botão e a máquina entrega um tíquete —, sair é por vezes mais difícil, por estar chegando ao fim o período gratuito ou por uma pane inesperada do sistema, pela qual se costuma acusar o primeiro motorista bloqueado. Para não pagar, alguns trapaceiros colam o carro no da frente quando a cancela levanta (como fazem certos caminhoneiros no pedágio das estradas). É comum, tarde da noite, encontrar as cancelas de saída abertas, o que talvez evite que sejam deliberadamente atropeladas.

Os homens e as mulheres que se aproximavam no estacionamento para me pedir um euro desapareceram. Há cada vez mais sem-teto na sociedade como um todo, mas cada vez menos em torno do shopping, com exceção de dois lugares, que não fazem parte da propriedade do shopping:

perto da entrada pouco iluminada, no recuo localizado entre a empena atrás da qual fica o Auchan e o prédio do banco Caisse d'Épargne, que teve uma parte transformada em biblioteca universitária. Quando faz sol, eles sentam numa mureta que contorna a biblioteca, olhando as pessoas passarem, são muitas nesse ponto da via que comunica a prefeitura, a estação de trem e de ônibus, os correios etc. ao shopping

na frente da entrada que dá para um calçadão de pedestres animado, margeado por lojas independentes, algumas com marquises que oferecem abrigo. É o ponto da esmola, mas também das assinaturas em favor de causas diversas, mais ou menos convincentes, inevitavelmente associadas a um pedido de doação.

No shopping há diferentes lances de escadas rolantes entre os vários andares, nos dois sentidos, e uma longa esteira que permite entrar com um carrinho de compras. Há uma esteira também dentro do hipermercado, que conecta os dois andares, mas com duas subidas e apenas uma descida. Nesse momento em que nos vemos obrigados a ficar imóveis uns atrás dos outros, entre pessoas subindo e pessoas descendo, os olhares se cruzam, nos observamos sem dificuldade e com interesse, como os viajantes quando dois trens avançam devagar vindos de sentidos opostos.

Como enxergamos uns aos outros?

Aqui, em alguns momentos, me sinto como uma superfície neutra na qual as pessoas se projetam, com cartazes acima da cabeça.

Terça-feira, 18 de dezembro, à tarde

Uma multidão compacta na entrada do shopping. Um burburinho imenso, onde a música mal consegue penetrar. Na esteira, sob o teto de vidro, subimos em direção às guirlandas e à iluminação, que pendem como colares de pedras preciosas. A moça à minha frente, com uma menininha num carrinho de bebê, levanta a cabeça, sorri. Ela se inclina para a criança, "olhe as luzes, meu amor!".

Saindo do Auchan, um homem velho completamente encurvado, num casaco impermeável muito maior que ele, caminha devagar com uma bengala, arrastando sapatos gastos. A cabeça encosta no peito, vejo apenas seu pescoço. Com a mão livre, segura uma sacola reutilizável gasta. Ele me emociona, um besouro admirável que veio desbravar os perigos de uma terra estrangeira para obter seu alimento.

Sábado, 22 de dezembro

Super U, La Clusaz, cinco da tarde.

É a primeira vez que entro neste supermercado, ao qual se chega pela rua principal, subindo alguns degraus. Está lotado porque as pessoas de férias acabaram de chegar. Neste mercado pequeno, de no máximo trezentos metros quadrados, carrinhos com metade do tamanho daqueles dos hipermercados circulam com esforço entre as gôndolas, que são mais próximas umas das outras. As pessoas se empurram, se esbarram sem motivo, numa busca desordenada por onde fica o sal, a mostarda, a farinha, o azeite, tudo o que é indispensável para a sobrevivência durante uma semana. Essa busca é ainda mais difícil devido à concentração do maior número possível de produtos num espaço reduzido, e cada um deles em pouca quantidade. Onde fica a maisena? E o xampu? Os dois ou três funcionários ocupados em guarnecer as prateleiras são disputados. Ouvem-se alemão, inglês, talvez línguas eslavas, todo mundo é branco. Pirâmides de pacotes prestes a cair, empilhados nos carrinhos. Pairando no ar, um instinto cego que guia esse abastecimento obstinado, furioso, de clientes pontuais e anônimos, que se sentem no direito — talvez por causa de um poder aquisitivo mais alto que a média — de se apropriar de um estabelecimento comercial sem consideração nenhuma por ninguém.

2013

Segunda-feira, 7 de janeiro

Voltei ao Auchan de Cergy.

Bonecas e brinquedos a granel, empilhados num grande balaio de tecido, com desconto de 50%. Nada expressa melhor a função deles de *puro signo* da festa natalina. Passada a festa, as Barbies e as Hello Kitties continuam as mesmas, apenas perderam seu valor de festa. Ninguém revolve essa lixeira de brinquedos novos. No entanto, ali poderiam ser encontrados, por um preço mais baixo, uma boneca, um conjunto de roupinhas para presentear num aniversário, quem sabe no próximo Natal. O rebaixamento do brinquedo a objeto de refugo é refugado. É o hipermercado que determina as nossas vontades. Hoje, na pauta da cobiça estão presentes a torta do Dia de Reis e artigos têxteis, da capa de edredom ao pano de prato.

Algumas pessoas, sobretudo as menos jovens, falam sozinhas diante das prateleiras, conversam em voz alta com a mercadoria. Expressam a opinião ou a insatisfação com relação a algum produto, cientes de estarem sendo ouvidas pelos clientes ao lado. É bom que alguém ouça. Aqui, uma mulher que olha as latas de sardinha vira para mim e ri: "sardinha apimentada não é comigo!". Sorrio de volta. Uma maneira sutil de indicar uma concordância implícita de que ela deve ter cuidado, mas também minha intenção de deixar por isso mesmo. Surpreendida no papel de testemunha da vida dela, eu me esquivo. No entanto, esse desejo dos desconhecidos de se comunicar comigo me comove, inexplicavelmente.

Aproveito que o espaço de superofertas está vazio para fazer uma foto, com meu celular, dos cartazes que alertam sobre o que é proibido. Mal tenho tempo de tirar a primeira foto, um homem surge ao meu lado. O crachá diz que ele é da segurança.

"A senhora não pode fotografar dentro da loja, é proibido."

"Por quê?"

"É proibido. Está no regulamento."

"Estou fazendo uma reportagem."

"Então a senhora precisa pedir autorização para a gerência."

Não vou fazer isso. Vou continuar no meu papel de sempre, o de cliente, sem chamar atenção para a minha presença.

Terça-feira, 22 de janeiro

Na seção de acessórios para carros, vazio, uma criança negra pequena brincava com uma caixa grande de papelão, arrastando-a no meio do corredor. Quis tirar uma foto dela. Depois me perguntei se esse meu desejo não seria um pouco pitoresco colonialista.

Uma impressão curiosa de que aqui o tempo não passa, ele é um presente repetido muitas e muitas vezes. De que não há História. Até minha memória se cala. Só fora daqui, quando transcrevo tudo isso na minha casa, eu me lembro das cenas que vi em outros lugares, em outros supermercados, em outras épocas.

Carrefour, em Annecy. Início dos anos 1970. Foi no inverno, de noite, no canto das bebidas. Dois ou três rapazes encaravam uma menina completamente sozinha. Um deles zombava: "estou dizendo que não tem como ser meu", e os outros gargalhavam. Ela, não; estava séria e vermelha, diante dessa negação de paternidade, pública e enérgica. Para ela, era uma tragédia, já que a interrupção voluntária da gravidez ainda não havia sido legalizada. Nesse dia pensei pela primeira vez que aquele galpão sem graça guardava histórias, guardava vidas. Eu me perguntava por que os supermercados nunca apareciam nos romances que eram publicados, quanto tempo seria necessário para uma nova realidade alcançar dignidade literária.

Hoje, tenho hipóteses:

1) os supermercados são associados à subsistência, coisa de mulher, e por muito tempo foram elas as principais frequentadoras. Ora, as coisas que fazem parte do campo de atividade mais ou menos específico das mulheres são tradicionalmente invisíveis, não são levadas em conta, como aliás o próprio trabalho doméstico realizado por elas. O que não tem valor na vida, não tem na literatura.

2) até os anos 1970, os escritores, tanto homens quanto mulheres, eram majoritariamente de origem burguesa e viviam em Paris, onde não havia hipermercados. (Não vejo Alain Robbe-Grillet, Nathalie Sarraute ou Françoise Sagan fazendo compras num supermercado; Georges Perec, sim, mas talvez eu esteja enganada.)

Segunda-feira, 4 de fevereiro

Em junho de 1978, passei um mês sozinha no interior. No dia em que voltei a Cergy, ao constatar que a despensa e a geladeira estavam vazias, corri para o Les 3 Fontaines. No momento em que cruzei a porta 6, me surpreendi com o pensamento de que tinha sentido falta daquele lugar e que voltava ali com uma satisfação estranha. Era como uma extensão do meu universo íntimo, do qual eu havia sido privada sem perceber.

Muitas vezes me enfiei no shopping para esquecer a insatisfação da escrita, me misturando à multidão de pessoas comprando e passeando. Hoje foi o contrário. Fui ao Auchan no meio da tarde, depois de ter trabalhado desde cedo com satisfação no livro que estou escrevendo. Como se preenchesse um vazio que, nesse caso, é o resto do dia. Ou como uma recompensa. Ficar desocupada, no sentido literal. Pura distração. Talvez seja essa a minha maneira de me aproximar o máximo possível do prazer que os outros sentem neste lugar, jovens que passeiam aqui sem outro objetivo a não ser um pacote de batatas fritas, mães que chegam de ônibus para passar a tarde antes de buscar os filhos na escola, todos que vêm para cá — como faziam antes na cidade — *dar uma volta*.

No segundo andar, uma mulher de cerca de cinquenta anos me abordou com um sorriso e certo incômodo. "A senhora é Annie Ernaux?" Não consigo me acostumar com essa pergunta, como se eu tivesse que assumir uma identidade falsa sem poder entregar a impostura. Ela leu vários livros meus e me escreveu uma carta quinze anos atrás. Acabou de publicar um romance autobiográfico, e o jornal *La Gazette du Val-d'Oise* escreveu um artigo sobre ela. Está surpresa de me encontrar aqui, ela tem horror ao Auchan, nunca vem. Digo que venho sempre, não desgosto. Nos despedimos com a promessa de que ela vai me enviar o livro.

Precisei descer para o primeiro andar para recuperar minha tranquilidade de cliente anônima. Atravesso o espaço da livraria. Num banquinho que mal se vê, atrás de um biombo que separa a livraria de um balcão de informações vazio, uma jovem, com roupas da moda, está devorando um livro cujo título não consigo ver. Ao lado, uma criança lê um gibi. Fico feliz ao constatar que estão sentados bem embaixo do cartaz que diz que é proibido ler.

Essa proibição é infringida em completa serenidade no espaço dos jornais, bem abastecido, mas o *Le Monde* não é vendido aqui de noite, como em todas as bancas de jornal da Île-de-France, somente na manhã seguinte. Passo os olhos por diversas revistas semanais. Uma mulher lê *Oulala!*, um rapaz, *10 Sport*, e outro, *La Gazette des Transferts*, uma menina, *People*. Um homem mais distante está parado lendo uma publicação científica. O expositor dos jornais, com *Le Parisien*, *Libé*, *Le Figaro*, *L'Équipe*, está quase vazio a esta hora. As revistas estão com a capa amassada. O volume *100 fotos pela liberdade de imprensa* tem vestígios de uma reiterada manipulação. O Auchan se preocupa mais com balas roubadas nas superofertas que com jornais danificados.

Acho este lugar agradável, silencioso, quase secreto por ser tão pouco visível, bem no fundo da loja, perto de um pequeno setor de jardinagem. Reunindo uma comunidade de leitores.

Quinta-feira, 7 de fevereiro

Quatro e meia da tarde. Perto da entrada do Auchan, duas meninas me ultrapassaram, uma rechonchuda, vestida toda de cinza, inclusive o véu, a outra esbelta, com véu e botas pretos. Vejo-as de novo no setor de higiene e beleza, conversando animadas na frente dos esmaltes. Até determinada idade, as meninas nunca vão comprar cosméticos e fazer xixi no banheiro sem companhia.

No caixa, uma mulher pega seus produtos registrados e os guarda nas sacolas de plástico do Auchan com uma lentidão que só pode ser calculada. Ela comenta com a operadora do caixa que uma das sacolas acaba de rasgar e pede outra. A funcionária diz para ela buscar. Ela vai se esgueirando pelos clientes da fila, volta sem pressa. Acompanhamos em silêncio o ir e vir dela. Ciente da tensão, a operadora do caixa ajuda a cliente a transferir os produtos da sacola rasgada para a nova. Há um clima palpável de desaprovação a uma pessoa que se permite *fazer tudo no tempo dela* sem se preocupar com o dos outros. Que desrespeita as regras implícitas do civilismo do consumo. De um código de conduta que oscila entre direitos — recusar um produto que revela ter defeito, verificar o cupom fiscal — e deveres — não comer na fila, deixar uma pessoa grávida ou com deficiência passar na frente, ser educado com a operadora do caixa etc.

A agitação dispersa que toma conta dos hipermercados desaparece bruscamente nos caixas. A fila, essa cilada de que ninguém escapa — a não ser correndo o risco de cair em outra ainda pior —, nos imobiliza. Nos corredores do hipermercado, as pessoas eram *presenças* com que cruzamos e que vemos vagamente. Só no caixa elas se individualizam.

Passar pelo caixa é o momento mais carregado de tensão e irritação. Frente a frente com a operadora do caixa, cuja rapidez ou lentidão é logo avaliada. Clientes que:

têm carrinhos transbordando (mas não mais que o nosso)

não viram que faltava o código de barras de um produto, vão ter de voltar à gôndola para trocá-lo

tiram um talão de cheques da bolsa, anunciando um ritual de gestos — destacar o cheque com cuidado, verificar o documento de identidade, anotar o número do documento no verso do cheque, assinar o cheque, entregar o cheque, obrigado e até logo — que parece intolerável, a gota d'água da espera. O tempo da fila para o caixa, o momento em que ficamos mais próximos uns dos outros. Observando e sendo observados, escutando e sendo escutados. Ou só percebendo as coisas de maneira intuitiva, no ar.

Expondo, como em nenhum outro lugar, nosso modo de vida e nossa conta bancária. Nossos hábitos alimentares, nossos interesses mais íntimos. Até a estrutura da nossa família. As mercadorias que você põe na esteira contam se você vive sozinho, com outra pessoa, com um bebê, crianças pequenas, animais.

Expondo seu corpo, seus gestos, seu vigor ou sua falta de jeito — sua condição de estrangeiro quando pede ajuda da operadora do caixa para contar as moedas. Sua gentileza para com as outras pessoas — pondo o separador atrás das suas compras em atenção ao próximo cliente, guardando sua cesta vazia em cima das outras.

Mas, no fundo, sem nos importarmos com a exposição, uma vez que ninguém se conhece. E, na maior parte do tempo, sem nos falarmos. Como se fosse absurdo puxar conversa. Ou apenas impensável para algumas pessoas, que parecem estar ali sem estar, indicando que estão acima da massa de clientes do Auchan.

Quarta-feira, 13 de fevereiro

Três da tarde. Feriado escolar, portanto, dia de meninas andando em grupo, suas risadas são ouvidas da outra seção. Me dou conta de que uma delas, muito maquiada, ostenta nos lábios um batom cor-de-rosa vivo que combina com o cadarço dos sapatos.

No espaço sazonal foram instaladas mesas, e há crianças desenhando. No último domingo começou o Ano da Serpente, e o Auchan não deixou o acontecimento passar em branco, oferecendo uma "semana chinesa" com "educadores", escrita de ideogramas etc.

Quando pego um sachê de comida para meus gatos, um homem de cabelos brancos me dirige a palavra:

"Tenho um cachorro de seis meses, será que posso dar comida enlatada para ele?"

"Não tenho cachorro, mas acho que sim. Não, essas não", ele me mostra latas para animais adultos, "tem que pegar as de filhotes."

Tiro um pacote de quatro latas da prateleira. Ele olha, põe de volta.

"Muito obrigado. Meus netos que queriam um cachorro. A gente se apega, né?"

Ele sorri, caminha perto de mim. Desejo de contar a uma mulher desconhecida que ele tem um cachorro de seis meses, só isso. Percebi que o setor de animais, entre todos os outros, é o que provoca o desejo mais intenso de conversar.

Na fila do caixa, uma mulher acompanhada de duas crianças reconhece outra, também com duas crianças, e a chama. A outra exclama, "então vamos ficar por aqui, não vamos mais pra lá!", ou seja, para outro caixa. As quatro crianças brincam juntas, as mães batem papo, mencionam o Ano-Novo chinês com excitação [elas não são asiáticas]: "eles comeram comida chinesa na escola!". Quem educa, a escola ou o hipermercado? Talvez ambos.

Lista que encontrei num carrinho, escrita com caneta preta:

alface
farinha
presunto, bacon
queijo ralado, iogurte
Nescafé
vinagre

Comparei com a minha:
Ricoré
bolacha champanhe
Mascarpone
leite, creme de leite
pão de forma
gato [latinhas e petiscos]
Post-it

O hipermercado contém cerca de 50 mil produtos alimentares. Considerando que devo consumir cem deles, sobram 49900, que desconheço.

Quarta-feira, 20 de fevereiro

O trânsito está fluindo no Auchan, sem engarrafamento nem colisões de carrinhos (como nos carros, os "motoristas" não se olham, eu percebi). Crianças empurram cestas com rodinhas, quase do tamanho delas.

No espaço dos congelados, entre as ofertas, uma pizza Buitoni: "a carne suprema" por 3,99 euros, ainda se pratica o velho truque do centavo a menos que parece reduzir o preço em um euro. É possível que o hipermercado esteja liquidando os pratos à base de carne em vista do caso que chamou atenção, de carne de cavalo sendo vendida como bovina.

A fila na qual entrei dá para dois caixas. Em determinado momento será preciso escolher entre os dois operadores que trabalham de costas um para o outro. Realizar um cálculo sutil que considera a velocidade presumida de cada um dos caixas e a quantidade de volumes do cliente à sua frente. Hoje, ao ver a operadora da esquerda revirar um produto para um lado e para outro e olhar por cima dos óculos para digitar o código de barras, apostei na outra, uma jovem negra com uma faixa preta que recobre lindamente sua testa, mesmo que o carrinho da cliente à minha frente esteja lotado. Essa mulher, sexagenária, está tomada pelo desejo de uma organização metódica. Coloca um pacote de macarrão chinês na esteira, muda-o de lugar, vasculha os produtos para dispor uns na frente de outros. Suspira diversas vezes, como se estivesse sobrecarregada pela dificuldade de sua tarefa. Na qual fracassa: os produtos estão espalhados ao longo de toda a esteira, é impossível pôr os meus ali. Pega uma sacola vermelha de plástico, grande e resistente, sacode-a vigorosamente para abrir, passa para o outro lado do caixa a fim de pegar as compras. Ela guarda os produtos com uma agilidade repentina, paga com cartão. Percebo o alívio na expressão dela pela missão corretamente cumprida. Não eram compras de uma mulher que mora sozinha.

Os supermercados e hipermercados continuam sendo uma extensão do território feminino, o prolongamento do universo doméstico, cujo bom funcionamento são elas que garantem, percorrendo as gôndolas e sabendo de cor tudo aquilo que está *faltando* na despensa e na geladeira, tudo o que elas precisam comprar para responder à pergunta tão reiterada, o que tem para comer hoje, amanhã, a semana inteira. Elas, sempre mais competentes que os homens na cozinha, escolhem sem titubear os produtos para preparar a refeição, enquanto eles, paralisados, perdidos na frente de uma prateleira, pedem socorro com o celular na orelha, "então, qual farinha eu pego?".

Uma conversa entre dois jornalistas homens, na casa dos trinta anos, que ouvi na France Inter há alguns anos:

"Minha geladeira sempre está cheia, quem enche é a minha mãezinha!"

"Haha, sim, é sempre assim!"

Eles riem com satisfação. Riem por continuarem, em alguma instância, sendo bebês.

Quinta-feira, 28 de fevereiro

O painel do carro indica a temperatura de três graus Celsius do lado de fora. O prazer de ser envolvida pelo calor assim que cruzar a porta 2 do shopping, de andar num clima uniformemente ameno, mais ou menos como descer de um avião no Cairo depois de sair de Paris. A lama e o frio, a bruma, o trânsito: tudo já ficou no passado. Diminuir o passo, abandonar-se a esse aconchego. Perder a noção da hora, que nenhum relógio mostra. Meninas usando roupas leves. As crianças estão sem suas parcas, que estão dobradas sobre os carrinhos. Passeio de verão durante o inverno.

A lembrança da minha surpresa ao entrar pela primeira vez neste shopping, em meados dos anos 1970. Passear protegida da chuva e dos carros, em corredores limpos e iluminados, naquela época abafados por um carpete, entrar a esmo nas lojas sem porta, folhear livros na Temps de Vivre, deixar as crianças correrem pra lá e pra cá sem medo. Eu sentia uma excitação secreta por estar no coração de uma hipermodernidade da qual este lugar parecia ser o símbolo fascinante. Era uma espécie de promoção existencial.

Hoje fiquei olhando para as pessoas vagando lentamente diante das vitrines, para as quais elas quase não olhavam. Duas mulheres estavam sentadas no banco que fica em frente à escada rolante situada entre a C&A e uma loja cara que vende artigos Karl Lagerfeld. Será que vir a este shopping não é uma maneira de ser aceito no espetáculo da festa, de mergulhar de fato — e não pela tela da TV — nas luzes e na abundância? De ter o mesmo valor que as coisas? Aqui, podemos nos sentir desnorteados, desconfortáveis, mas nunca *desvalorizados*.

Quinta-feira, 14 de março

À minha frente, no caixa do Auchan, uma mulher cujo rosto parece rigidamente virado para a operadora. Vejo apenas o véu ornado de verde e prata, que desce desde a raiz do cabelo até o fim das costas. Ela não tira os produtos da cesta, espera passarem as compras da cliente da frente para dispor as suas na esteira. Apenas um saco com dez baguetes e muitos pacotes de massa Panzani. Os gestos dela não são lentos, apesar de imperceptivelmente retardados, hesitantes. Ela abre uma carteira, tira uma nota, moedas, e põe na esteira. A operadora do caixa conta as moedas, pede mais uma, mais outra. Ela leva algum tempo para pegar. Vai embora carregando um saco pesado de baguetes. Não falou nem sequer uma palavra durante a compra. Pensei que, para ela, ir sozinha ao Auchan deve ser um martírio e que ela não estava usando todos os véus que lhe permitiriam suportar isso.

Chega a minha vez. Como sempre, a operadora do caixa se inclina para verificar se esvaziei todo o meu carrinho na esteira. Deixei lá dentro o *Le Monde*, que não comprei no espaço de jornais e revistas do Auchan, e sim na banca do centro. Ela me reprime com veemência. Digo que não comprei o jornal aqui e acrescento, como se me justificasse, mas com uma petulância que não noto, que aquela edição ainda não está à venda no Auchan, só estará amanhã de manhã. Como se a função dela como operadora de caixa fosse verificar a data do *Le Monde*. Ela me recorda que tudo o que é comprado fora do mercado deve ser guardado numa sacola de plástico na entrada. "A senhora sabe como é, se alguém vem fiscalizar, a culpa vai ser minha. A gente leva cada vez mais sermão, está cada dia pior."

Ela acaba de me botar no meu lugar por eu não ter pensado na posição dela. "Cada dia pior", isso me persegue. Muitos dos

7 milhões de trabalhadores pobres da França são operadores de caixa.

No linguajar do hipermercado, a "prod. do operador" é o número de produtos registrados por minuto. Uma boa pontuação é 3 mil por hora.

Segunda-feira, 25 de março

Dez horas. Quando o mercado está quase vazio, como nesta manhã, uma sensação alucinante de mercadorias em excesso. Silêncio mortal das mercadorias a perder de vista. Os clientes parecem se mover lentamente, como que tomados por uma espécie de torpor, desprendido da imagem quase irreal do amontoado de alimentos e objetos. Ou são pessoas que simplesmente têm tempo às segundas-feiras — trabalhadores de folga nesse dia — ou aquelas que sempre têm tempo, os aposentados.

O carrinho que peguei na entrada do segundo andar está emperrando. Percebo que está afundado em um dos lados, arrancaram a corrente que serve para prendê-lo a outro carrinho. Ele deve ter saído do estacionamento para ajudar na mudança de alguém ou para brincar de carrinho bate-bate. É uma loucura tudo o que dá para fazer com um carrinho. Não entendo por que não levam emprestado mais vezes, um euro é uma pechincha. Com alguma habilidade, tento domar este aqui.

Surpresa, o espaço de jornais e revistas migrou para o segundo andar, depois dos artigos têxteis, perto de uma entrada e de uma fileira de caixas, um lugar mais visível que antes e também mais exposto. Agora é uma espécie de corredor, largo, muito iluminado, com jornais e revistas bem organizados ao longo de duas paredes, frente a frente. Não tem como sentar ali, nem nas pilhas dos jornais. Nenhum cantinho. Parece que tudo foi pensado para tornar o lugar pouco hospitaleiro, para demover as pessoas de ficar ali, folhear, ler. Inclusive não tem ninguém ali.

Ovos de Páscoa aos montes. Já. Eu tinha esquecido. Os hipermercados não esquecem nada. As roupas de banho talvez estejam em caixas, prestes a serem desembaladas, e também os presentes para o Dia das Mães. O comércio abrevia o futuro e faz o passado da semana anterior cair no esquecimento.

Um sujeito careca, de óculos e sobretudo, cantarola com uma sacolinha de plástico na mão.

Percebo que nunca tem música tocando no Auchan. Talvez para não entrar em conflito com a música do shopping, que mal se percebe. Começo a lamentar essa ausência, aquelas canções que de súbito vêm à memória e nos deixam felizes, sem explicação, na hora em que estamos pegando um fardo de água mineral. Certa vez, no Leclerc, foi Dalida, com "Come prima".

Quarta-feira, 3 de abril

No primeiro andar do Auchan, "Feira de vinhos da primavera" no espaço sazonal de ofertas. Homens sozinhos, principalmente. Atrás dos vinhos, outra oferta: duas paredes perpendiculares de sapatos femininos em cores berrantes, verde, vermelho, rosa, e aqui e ali, como numa sala, pufes para sentar e experimentar à vontade. O "convite" — deve ser esse o conceito — ainda não convenceu.

Segundo andar, produtos alimentícios; tenho a impressão de que os cartazes amarelos de preço estão cada vez mais ofuscantes. Sempre o mesmo cálculo pendurado em cima das embalagens de carne, carne de porco por menos de um euro por pessoa. Quando você vai ver, supõe-se que cada pessoa coma cento e dez gramas, o que, no prato, depois de limpar a peça e cozinhar, talvez corresponda a oitenta gramas. Faço uma conta rápida: uma família de quatro pessoas que comesse essa pequena porção todos os dias ainda gastaria cento e vinte euros por mês. Essa arte dos hipermercados de querer nos convencer de sua generosidade.

Dezenas de sacos de ovos de Páscoa em promoção, jogados em cestos de ofertas. Um amontoado levemente repugnante, que não atrai ninguém. Faz três dias que o feriado passou.

Uma mulher ocupa o corredor dos laticínios com um carrinho duplo de bebê virado para a frente: dois gêmeos bonitinhos, de olhos vivos, acompanhando tudo.

No caixa, numa fila que não está curta, uma cliente com uma cesta de rodinhas oferece que eu passe na frente dela. Recuso com vigor — pareço tão cansada assim? tão velha? — e ela sorri para mim, dizendo que sabe quem eu sou. Trocamos algumas palavras sobre o mercado, sobre a grande quantidade de crianças ali às quartas-feiras. Ao pôr meus produtos na esteira, penso com certo incômodo que ela vai olhar o que comprei. De repente cada produto passa a ter muito sentido, revela meu modo de vida. Uma garrafa de champanhe, duas garrafas de vinho, leite fresco e queijo Emmental orgânico, pão de forma sem casca, iogurtes Sveltesse, petiscos para gatos castrados, geleia inglesa de gengibre. É a minha vez de ser observada, sou o objeto.

Sexta-feira, 5 de abril

Meio-dia. Espaço de jornais e revistas do Auchan. Não consigo me acostumar com lugares que vendem jornais e não têm um vendedor que possa lhe dizer onde está a revista que você está procurando. Como não encontro a *Quinzaine Littéraire*, pego o *Le Monde* da véspera.

Também não há ninguém no caixa automático, onde uma menina parece perdida, se irrita, sem saber onde colocar os produtos que tira da cesta, cai em desespero por todos os olhares grudados nos seus gestos enquanto a voz artificial apavorante dá ordens e repete sem parar "deposite o produto na balança". Como se estivesse falando com uma pessoa tapada. Numa reviravolta surpreendente, é a máquina que parece inteligente, e os humanos, imbecis. Também não consigo me acostumar com esse sistema. Hoje em dia pode-se entrar num hipermercado e sair de lá como se estivesse em um hotel Formule 1, sem falar nada nem olhar para ninguém.

Quase um terço dos caixas hoje são automáticos, organizados em grupos de quatro ou seis, e necessitam da presença de apenas um funcionário, encarregado de supervisioná-los e de garantir que as máquinas funcionem. Durante o dia, a quantidade de caixas tradicionais é metade dos automáticos em funcionamento. Os operadores de caixa estão desaparecendo.

Sexta-feira, 12 de abril

Cruzo num corredor com uma mulher de cabelos escondidos sob um véu preto do qual sai uma faixa branca, análoga à corneta das freiras da minha juventude, as freiras que provocavam nossas chacotas, não tanto pela vestimenta e sim pelo véu de castidade eterna, que nos parecia sem sentido — nunca namorar um homem, como pode! Em nada comparáveis com essa mulher de véu, talvez consagrada a Deus, mas também a um homem — tem um junto de si —, o que muda tudo. A não ser que Deus e o homem sejam a mesma pessoa. Ainda assim, numa escala de prazer, a mulher muçulmana sempre sai ganhando. E na escala de liberdade? Mas como se avalia isso? E por que isso seria da minha conta? Por que a liberdade delas deveria me atormentar mais que a de outras mulheres? No lugar delas, eu sentiria um orgulho secreto por suscitar tantas perguntas — perguntas, aliás, que a imprensa nunca lhes permite responder.

Terça-feira, 23 de abril

Dez para as quatro da tarde. Os jovens abandonaram o novo espaço de jornais e revistas. Só há um homem parado na frente da prateleira cheia de palavras cruzadas e uma mulher pegando uma revista *60 Millions de Consommateurs*.

Nos produtos de limpeza, três jovens negros deliberam, um grudado no outro, diante das diferentes marcas de sabão em pó. Contenho minha vontade de ajudá-los.

Em fila indiana, uma mulher, duas meninas, um adolescente e uma mulher mais velha, talvez a avó, percorrem o mercado a passos decididos, sem carrinho, carregando papel higiênico e papel-toalha. No fim da fila, a mais velha reclama, "mas que mercado grande!".

Esse comentário me surpreende. Apropriar-se de um lugar é não perceber o tamanho dele. O costume apagou a materialidade da área do Auchan para mim — vários milhares de metros quadrados. Uma materialidade, no entanto, registrada pelo meu corpo, já que prefiro abrir mão de um produto que esqueci do outro lado da loja a dar meia-volta para buscá-lo.

Quarta-feira, 24 de abril

Um prédio de oito andares desmoronou perto de Daca, em Bangladesh. Haveria pelo menos duzentos mortos. Confecções empregavam ali 3 mil operários trabalhando para marcas ocidentais. Explicar isso é desnecessário, já faz muito tempo.

Terça-feira, 30 de abril

Na frente da entrada do Auchan no primeiro andar, embaixo da grande esteira central que percorre os dois sentidos, há uma área mobiliada como uma salinha de espera, com poltronas de courino marrom posicionadas uma contra a outra, como conversadeiras. Elas raramente estão vazias, sendo com frequência ocupadas, de manhã, por imigrantes magrebinos já idosos. Sentados ali, distraem-se assistindo ao balé dos clientes que entram e saem, às idas e vindas do segurança — um colosso negro — que percorre toda a fileira de caixas do lado da saída, de olho em possíveis incidentes, provocados especialmente pela proibição de entrar com mochila ou com produtos comprados em outros lugares — que é preciso guardar numa embalagem de plástico transparente, lacrada por uma máquina seladora caprichosa. Como no terraço de um café, mas sem pagar nada, eles podem ver o mundo passando e acontecendo. *Esquecer-se* na contemplação.

Nesta tarde, um homem dorme a sono solto, com uma muleta apoiada no braço da poltrona. Duas mulheres batem papo.

Segunda-feira, 6 de maio

Impressão de que alguns produtos nunca são comprados, algumas seções nunca são frequentadas, nem mesmo em horários variados.

Por outro lado, há sempre muito movimento na frente de um amontoado de caixas de uma farmacopeia extravagante, folha de java, geleia real, colágeno marinho (?). Tem um homem ali, observando. Leio QUEIMAR A GORDURA; ELIMINAR O EXCESSO DE ÁGUA; PERDER OS QUILOS A MAIS. Imagino o corpo dele transpirando água por todos os poros da pele, consumindo-se. Bem localizada, exatamente na passagem de um corredor a outro no segundo andar, esta gôndola é um complemento das outras, sobrecarregadas de alimentos; ela cura a culpa por comer demais.

Ao terminar as compras, vou até o espaço da livraria para comprar um presente, o livro *Deux Vies valent mieux qu'une* [Duas vidas valem mais que uma], de Jean-Marc Roberts. Sem muitas ilusões, procuro na vitrine de mais vendidos, onde apenas dez títulos ocupam três metros, como se bastasse ler esses livros, por serem necessariamente os melhores. Marc Lévy, Françoise Bourdin, Laurent Baffie, Régine Deforges e, surpresa, tem um Roberts, mas é uma mulher norte-americana chamada Nora. O livro também não está nas mesas, onde há romances, reportagens, biografias, misturados a esmo. Alguns livros estão desgastados. Um homem — talvez o encarregado do setor, que até então eu nunca tinha visto — se dirige a uma espécie de púlpito com ares de quem está ocupado, abre um caderno, faz uma anotação. Impressão de que vou incomodá-lo, entretido com suas contas, ao pedir um livro que não achei. Triste e antecipadamente humilhada por uma resposta evasiva, que diz que não, não tem esse livro ali. Como se eu procurasse um produto que nunca existiu.

No fim das contas, pôr um livro na esteira do caixa sempre me incomoda, como se fosse um sacrilégio. Mas eu ficaria feliz se visse um dos meus ali, removido de um carrinho, escorregando entre uma barra de manteiga e um pacote de meia-calça.

Sexta-feira, 10 de maio

Quatro e meia da tarde. O Dia das Mães é alardeado pelo shopping todo. No Auchan lhe foi reservado um espaço cheio de processadores de alimentos, aspiradores, máquinas de café — um must, aparentemente —, perfumes etc.

Estamos nas férias escolares e o que mais vemos são mulheres com carrinhos e crianças. Imagino a fila impressionante que vai se formar com todas essas mães espalhadas por aqui com seus carrinhos e crianças, divididas entre a subsistência e a criação dos filhos. Uma imagem pré-histórica.

Quarta-feira, 15 de maio

O saldo do desmoronamento do Rana Plaza em Bangladesh é de 1127 mortos. Nos escombros, encontraram etiquetas das marcas Carrefour, Camaïeu e Auchan.

Quinta-feira, 27 de junho

A longa faixa esticada em cima da porta 2 do shopping avisa lá no alto: LIQUIDAÇÃO. Embaixo, no primeiro plano, o rosto sorridente de uma mulher de cerca de trinta anos, e mais ao fundo o de um homem e o de uma criança. Nada mudou desde *O paraíso das damas*, as mulheres ainda são o alvo primeiro — consensual — do comércio.

Para evitar o tumulto, decidi vir fazer compras no Auchan depois que todas as outras lojas tivessem fechado, às oito da noite. Mesmo assim, muito movimento nos corredores de alimentos e produtos de limpeza, onde a promoção consiste em oferecer o mesmo produto numa quantidade bem maior. Uma mulher empurra um carrinho cheio, coberto por vários pacotes volumosos de papel higiênico equilibrados, pelo menos cinquenta rolos. A lógica inexorável da acumulação: "é sempre bom ter ervilha em casa", dizia uma antiga propaganda — e é sempre bom ter papel higiênico, xampu, azeite, leite longa vida etc. As histórias e os filmes sobre a fome são insuportáveis.

Surpresa — o princípio do hipermercado é surpreender sempre: os materiais da volta às aulas surgiram no espaço sazonal. Uma menininha sentada no chão desdobra um mapa-múndi. No segundo andar, estamos na "semana oriental", sêmola, tâmaras recheadas com pasta de amêndoas, conserva de limão e manjar turco, tudo irresistível. Fui levada de volta à gula da infância e, por alguns segundos, me enchi de alegria por existir um lugar assim, de tanta abundância.

Quarta-feira, 3 de julho

Sete e meia da noite. Permanentemente instalado, o espaço da volta às aulas resplandece com todas as mochilas, estojos, cadernos, materiais, uns mais coloridos que os outros. Um deslumbre escolar que para os alunos de vinte anos atrás não existia nem em sonhos. ENTREGUE SUA MOCHILA VELHA E GANHE UM CUPOM DE 10 EUROS, que é válido, como se pode imaginar, na compra de uma mochila nova. Nunca é cedo demais para inculcar nas pessoas o valor do novo, de bela aparência, como sabemos, em detrimento do valor de uso. Como resistir a essa promessa de felicidade, ostentar nesse distante primeiro dia de aula uma mochila novinha e se tornar, enfim, um novo aluno, entrando num novo ano... Mas para onde vão as mochilas velhas?

Reparo nos cadernos escolares. Parece que esse breviário dos alunos de turmas mais avançadas está sendo usado desde o começo do ensino fundamental, talvez desde a educação infantil, de tão emburrecedoras que são as capas — animais pré-históricos, monstros, Homem-Aranha etc. — e sexistas. Um Mickey interroga com firmeza o proprietário masculino do caderno: "você fez a lição de casa?", enquanto uma Minnie elogia, de modo ridículo, a dona dele: "você é a melhor!".

Ao deixar o setor, me dou conta do prazer estranho que senti.

Nesta noite, a fila do caixa é interminável. Me resigno. Caio numa espécie de torpor, com o som de fundo do mercado lotado a esta hora me lembrando o do mar quando dormimos na praia.

Quinta-feira, 11 de julho

Meio da tarde. No segundo andar, tento soltar um dos carrinhos introduzindo um euro, nada acontece. Me dirijo ao segurança negro que anda pra lá e pra cá o dia todo na frente dos caixas. Ele destrava o carrinho recalcitrante com uma ferramenta, me indica o carrinho seguinte com um gesto. Exausto e impenetrável. Volta a fiscalizar gestos e bolsas, cestinhas dos carrinhos de bebê, com a indiferença do tédio.

Nas frutas e legumes, um frenesi. Choque de carrinhos. Rostos obstinados, braços e mãos mergulhados numa montanha de damasco por um euro o quilo, apalpando, rejeitando, enfiando nas sacolas, no frenesi alegre da colheita. As frutas estão duras feito pedra.

A alguns metros, na gôndola instalada para o Ramadã, um menininho extasiado segura um pacote de tâmaras recheadas de pasta de amêndoas rosa e verde.

Indiferente aos medos xenófobos de uma parcela da sociedade, o hipermercado se adapta à diversidade cultural dos clientes, seguindo escrupulosamente suas festas. Não há ética nenhuma nisso, apenas "marketing étnico". Mas os defensores do liberalismo estão com a faca e o queijo na mão para se vangloriar dessa função igualitária e integradora do Mercado.

Constato que apareceu uma nova forma de véu, ornado de pérolas, escondendo o cabelo enquanto mostra o pescoço e a nuca. Ele me lembra algumas toucas antigas do interior da França, nas imagens que víamos em sala de aula.

Perambulo pelo andar de produtos não alimentícios, entre roupas de banho e roupas íntimas. Levanto os olhos para o alto, pela primeira vez — mas quem faz isso num hipermercado? Acima das lâmpadas fluorescentes, que lançam uma luz deslumbrante sobre o universo de mercadorias, vejo uma espécie de caixa com canos e cabos emaranhados no meio de vigas, objetos metálicos que não consigo identificar. Um conjunto não iluminado, frio, que contrasta com a resplandecência geral da loja. Neste momento me ocorre que minha atitude pode parecer suspeita, como se eu estivesse tentando localizar as câmeras. LEMBRAMOS QUE ESTA SEÇÃO É VIGIADA POR CÂMERAS, leio ao passar na frente das calcinhas e meias-calças.

Os provadores que existiam antes, discretos e gerenciados por uma funcionária, desapareceram. Foram substituídos por três nichos minúsculos, abrigados numa reentrância da parede, separados por apenas uma cortina de tecido do corredor onde os clientes circulam. Não há mais vendedoras. No lugar, um aviso: INFORMAMOS AOS CAROS CLIENTES QUE OS PROVADORES DEVEM SER USADOS *UNICAMENTE* PARA EXPERIMENTAR ARTIGOS DE MODA (3 UNIDADES POR PESSOA, NO MÁXIMO).

Em outras palavras — sempre traduzir o linguajar do mercado —, é proibido dormir, comer, fazer sexo nos provadores.

Agora, de cortina aberta, uma adolescente cansada está sentada e conversa tranquila com a mãe em pé à sua frente.

Aqui, numa noite de verão, certa vez fiquei presa numa fila tão longa que começava entre as prateleiras de biscoito, bem longe do caixa, que se tornara invisível. As pessoas não se falavam, olhavam para a frente, tentando avaliar a velocidade da fila. Fazia muito calor. Me ocorreu a pergunta que me faço repetidas vezes, a única que importa: por que não nos revoltamos? Por que não nos vingamos da espera imposta por um hipermercado que reduz custos fazendo cortes de funcionários, decidindo todos juntos afundar a mão nos pacotes de bolacha, barras de chocolate, permitir-se uma degustação gratuita para enganar a espera à qual estamos condenados, confinados feito ratos entre quilos de alimentos que, por sermos mais dóceis que os ratos, não ousamos beliscar? Quantas pessoas têm esse pensamento? Não há como saber. E se eu desse o exemplo e ninguém me acompanhasse, essa é a história do filme *A grande noite*. Todos cansados demais, e logo estaremos do lado de fora, teremos enfim saído da armadilha, esquecidos, quase felizes. Somos uma comunidade unida por desejos, não pela ação.

Meu sonho de *filha da guerra*, alimentada por histórias das pilhagens de 1940, era entrar livremente nas lojas vazias e pegar tudo o que eu quisesse, bolos, brinquedos, materiais escolares. Tenha isso de fato acontecido ou não, é provável que esse seja o sonho que paira confuso nos hipermercados. Reprimido, recalcado. Considerado infantil ou culpado. Não há mais vitrines protegendo as sardinhas, como no poema de Prévert, o famoso "La Grasse Matinée" [A manhã gorda]. Não é mais necessário. As conservas, os bifes, as bolachas Saint-Michel e os doces de morango Tagada, tudo aquilo que podemos tocar, pegar nas mãos — mas nunca levar à boca — é mais bem protegido por essa liberdade constantemente vigiada. Pelo medo interiorizado.

Na "saída sem compras", o olhar do segurança para as mãos, os bolsos. Como se ir embora sem nenhuma mercadoria fosse uma anomalia suspeita. Culpada *de fato* por não ter comprado nada.

Quarta-feira, 17 de julho

As lojas do shopping estão fechadas. Agora se ouve melhor o fundo musical do que durante o dia, quando ele é encoberto pelo burburinho. Toda a vida se abrigou nas proximidades do Auchan. Me dou conta de que nunca o vi fechado, nunca vi as grades de ferro abaixadas, encobrindo os caixas. Fora os funcionários da segurança, ninguém nunca viu, porque o Auchan é a primeira loja a abrir e a última a fechar no shopping. O McDonald's, o Flunch e o boliche podem ser acessados pelo lado de fora.

Meus pés me levam mais uma vez até os livros. Eu me divirto — modo de falar — vendo como perdura a linguagem de um século atrás nos títulos da prateleira "romântica": *Os noivos do verão*, *Noivos por uma noite*, *Os sonhos de uma noiva*, *Encontro marcado*.

Uma profusão de livros de receitas. Folheio o de Ginette Mathiot, com o qual um dia aprendi como alimentar as pessoas com alguma comida além de macarrão e iogurte. É uma nova edição, bastante modificada. Na capa, a foto de uma moça de cabelos castanhos, de regata, na cozinha. Na mão direita ela segura um fouet e, na outra, o livro de Ginette Mathiot, que a mulher lê com o sorriso de quem devora um romance para desopilar. A perenidade da mulher na cozinha. Saio andando, transtornada. Talvez eu só tenha vindo ao Auchan nesta noite para lembrar de mim mesma aos vinte e cinco anos.

Comento com o operador do caixa, um jovem negro, que ele tem uma agilidade impressionante. Ele se diverte com isso. Este não é, como eu imaginava, um emprego de verão dele. Ele exclama: "trabalho no Auchan há quatro anos!".

"Venho sempre aqui e nunca vi você..."

"Ah, é claro, eu costumo ficar nas gôndolas, desencaixotando e organizando os produtos."

"O que você prefere? Ficar no caixa ou nas gôndolas?"

Ele diz que nas gôndolas o trabalho é mais difícil, que abaixar o tempo todo dá dor nas costas.

O sol se pôs. As pessoas estão sentadas nas mesas do McDonald's do lado de fora, na frente do estacionamento um pouco ermo, onde os carros aceleram mais que de dia. Pego a rampa que leva do estacionamento inferior ao do térreo, aberto. Com seus vidros espelhados apagados, o volume compacto do shopping parece coberto de mica preta.

Segunda-feira, 30 de setembro

Na entrada do primeiro andar do Auchan foram dispostas dezenas de pequenos aparelhos, todos idênticos, guardados em estojos nas prateleiras de um expositor. Parecem telefones grandes, ou controles remotos. Não são uma coisa nem outra. São scanners para o próprio cliente registrar o produto que pega nas gôndolas. A soma é feita na hora. Ao fim, paga-se em um dos caixas rápidos localizados no segundo andar, sem ter que tirar as compras do carrinho. É o *self-scanning*. Um cartazinho branco estipula o pré-requisito para o primeiro uso: é preciso ter um cartão de fidelidade do Auchan. Consumidores volúveis, caiam fora! Um discurso explica aos outros a facilidade e a economia de tempo, mas pontuado de ameaças veladas. Alerta-se ao consumidor que vai usar o scanner que ele deverá mostrar seu DOCUMENTO DE IDENTIDADE no momento de pagar. Que pode haver tanto uma RELEITURA das compras quanto uma FISCALIZAÇÃO ALEATÓRIA.

Já consigo ver a cena. Um ou dois supervisores surgem. "Bom dia. Você poderia esvaziar seu carrinho?" "Por quê?" "Para verificar se você pagou tudo isso que está aí dentro."

Me pergunto em que sinais exteriores, em qual gravação das câmeras, vão se basear as interpelações. Se quem tiver que esvaziar o carrinho vai fazer isso ali mesmo, na frente de outros clientes, ou se será levado a outro lugar, e onde. Passar no caixa vai se tornar mais perigoso que atravessar a alfândega.

Na internet, leio que o equipamento que escaneia é chamado de "pistola" e que os consumidores se declaram satisfeitos com o sistema. Uma arma que elimina os operadores de caixa e ao mesmo tempo nos abandona ao poder discricionário do hipermercado.

Uma ação política simples: recusar-se a utilizá-lo.

Para evitar a tentação — conheço a coerção insidiosa dos hipermercados e a minha fraqueza de consumidora —, destruí meu cartão Auchan.

Terça-feira, 22 de outubro

Interrompi meu diário.

Como a cada vez que paro de registrar o presente, tenho a impressão de me retirar do movimento do mundo, de renunciar não só a contar a minha época, como também a vê-la. Porque ver para escrever é ver de outro jeito. É *distinguir* objetos, pessoas, mecanismos e lhes conferir valor de existência.

Ao longo dos meses, pude mensurar cada vez melhor a força do controle que o hipermercado exerce nos espaços, de maneira real e imaginária — provocando os desejos na hora que ele define —, a violência dele, presente tanto na abundância colorida de iogurtes quanto nas gôndolas cinza das superofertas. Sua função de manter as pessoas *conformadas* com a baixa renda, de manter a resignação social. Seja em montinhos ou em montanhas cambaleantes, os produtos postos na esteira do caixa estão quase sempre entre os mais baratos. Muitas vezes me senti oprimida por um sentimento de impotência e injustiça ao sair do hipermercado. Ainda assim, nunca deixei de sentir a atração que exercem esse lugar e a vida coletiva, sutil, específica, que existe ali. É possível que essa vida desapareça em breve, com a proliferação dos sistemas comerciais individualistas, como a compra pela internet e o drive-thru, que parecem ganhar cada vez mais terreno nas classes médias e altas. Então, quando virarem adultas, as crianças de hoje talvez se lembrem com melancolia das compras de sábado no Hyper U, como as pessoas com mais de cinquenta anos guardam na memória as mercearias cheirosas de antigamente, aonde, com uma jarra de metal, elas iam buscar leite.

Três anos depois

Desde que botei um ponto-final neste diário, no outono de 2013, algumas lojas do shopping fecharam as portas e foram substituídas por outras, a maioria de roupas para jovens e óculos. O hipermercado Auchan fecha às nove e meia, não mais às dez da noite, e o conjunto de carrinhos do supermercado foi completamente renovado. Feito do mesmo vermelho-vivo que o pássaro da logomarca, mais comprido, mais estreito, quase elegante, mais fácil e silencioso de conduzir, o modelo mais recente já mandou para os porões da memória a lembrança do anterior, de grades de metal pesadas e rodas mais ou menos desalinhadas. Identificar as mudanças que aconteceram em três anos é como confirmar uma evolução já perceptível neste diário, ainda que eu não notasse. Uma reorganização parcial no andar dos produtos alimentícios de fato eliminou o canto — sempre vazio — da mercearia de luxo, que agora é ocupado pelos "orgânicos", em contínua expansão — à exceção dos "refrigerados orgânicos", limitados a iogurtes, quase invisíveis no corredor para onde foram transferidos. O desaparecimento desse longo setor refrigerado, caro demais, liberou um espaço grande, dedicado a ofertas temáticas, Sabores da Ásia etc., ou apenas "ofertas imperdíveis".

O hipermercado segue cumprindo com seriedade sua função reacionária de acomodar as consequências do desemprego e dos salários baixos. De se adaptar ao contexto social: um novo setor refrigerado, preto, envidraçado, sóbrio, chamado Snacking, oferece coisas para comer na hora do almoço, a uma grande população de estudantes e funcionários do bairro.

As superofertas, com seus avisos ameaçadores, continuam bem, sem nenhuma alteração, lá no fundo da loja, perto da ração para pássaros, gatos e cachorros. Mas o self-service de balas e aperitivos que ficava na frente não existe mais, foi substituído por sopas e refeições prontas. Talvez as proibições que o resguardavam de uma ponta à outra tenham se revelado inócuas, no fim das contas. Em sintonia com a preocupação crescente em ter um corpo perfeito e atlético, produtos que antes eram chamados de "para regime" — palavra hoje banida, substituída por "dietéticos" e seus correlatos, sem açúcar, sem glúten, emagrecedor, fitness etc. — mudaram de lugar e ocupam três gôndolas, localizadas entre as massas e o café, como se tivessem se tornado alimentos comuns, até mesmo indispensáveis.

No andar inferior, o setor de eletrodomésticos para cozinha enfileira uma quantidade espantosa de aparelhos para cortar, espremer, grelhar, misturar e outras "microfunções" — sinal de um entusiasmo recente e televisivo pela cozinha —, sem contar as máquinas de café enormes. Seria necessário ter uma cozinha das antigas, com pelo menos vinte e cinco metros quadrados, para acomodar um exemplar de cada tipo de aparelho.

Os nichos que serviam de provadores de roupas foram emparedados, sumiram.

No canto da livraria, retiraram o banquinho onde era possível sentar discretamente para ler.

A extinção do espaço de revistas e jornais — cujo indício eu deveria ter notado — é fato consumado. De um lado, no lugar das revistas, uma coleção de maiôs com as palavras "Paris Saint-Germain"; do outro, gadgets de Star Wars e outros produtos licenciados. Agora é impossível encontrar qualquer tipo de jornal neste shopping, desde que a banca encerrou a venda de periódicos para se dedicar apenas à tabacaria, mais lucrativa. E, no fundo do hipermercado, onde as pessoas antigamente se demoravam lendo revistas, há um depósito para pacotes, que são guardados em divisórias dispostas em ordem alfabética e entregues por um funcionário que fica atrás de um balcão. Trata-se de um Mondial Relay, serviço particular de entregas que substitui o dos correios. Pôs-se em marcha, alegremente, a privatização de serviços antes prestados apenas pelo setor público.

Se o sistema de *self-scanning* não parece convencer a maioria dos consumidores, os caixas automáticos funcionam de vento em popa sob a supervisão de uma "hostess" que nunca senta, solicitada de todos os lados por clientes em dificuldades diante dos caprichos da máquina. Filas ainda mais longas nos caixas tradicionais abertos, menos numerosos — a eliminação lenta dos operadores de caixa talvez tenha começado. Entre elas, entre eles — pois há um ou dois homens —, funcionários que são substituídos o tempo todo, encontrar um rosto conhecido — como o rosto calmo, orgulhoso, daquela mulher que talvez tenha origem indiana, de uns cinquenta anos —, poder inscrevê-lo em alguma temporalidade, mesmo que seja vaga, "faz algum tempo que eu a vejo", provoca uma espécie de surpresa e prazer.

Paradoxalmente, neste lugar em que o tempo humano parece não existir mais, vencido pelo tempo das coisas, absorvido pela presença inerte das coisas — cujo retorno cíclico, de acordo com os feriados e as estações do ano, é a única temporalidade perceptível —, tudo muda, na verdade, o tempo todo. Se mergulhar nas luzes e na abundância de um hipermercado faz parecer que aqui não há História, como notei um dia, isso não passa de ilusão, de uma impressão provocada por esse universo que é regido pela repetição.

O hipermercado é perfeitamente atravessado pela História, ele ilustra a evolução dela. Com relação à economia, isso é óbvio. Camisetas por dez euros, fabricadas por operários asiáticos em troca de alguns centavos, carne de porco comprada por um preço mais baixo de criadores que são estimulados a adotar uma produção intensiva, cortes de funcionários empregados geralmente por meio período, tudo indica a escalada do poder do capitalismo neoliberal, sendo o hipermercado sua expressão mais sedutora. Que abafa — mas até quando? — a pergunta em torno da revolta coletiva, a pergunta que fiz a mim mesma numa noite de verão, presa numa fila até o caixa. História sociocultural dos gostos e da moda, da tecnologia. História geopolítica das migrações. Cheguei a pensar que, inspirado por *O baile*, de Ettore Scola, que retratou as décadas de 1930 a 1980 num salão de dança, um cineasta poderia narrar o período dos anos 1960 até hoje através da evolução de um hipermercado.

Relatar minhas visitas ao hipermercado Auchan ao longo de vários meses entre 2012 e 2013 foi uma maneira de gravar os momentos dessa história coletiva, ininterrupta e impassível. De apreender também os pensamentos, as sensações e emoções que eu tinha e só poderiam surgir ali, naquele espaço onde se reúne a maior quantidade possível dos meus "diferentes semelhantes", onde a "convivência", essa invocação esvaziada de sentido, tem uma corporeidade visível. Pois o hipermercado será — até uma nova ordem assustadora, que vem se desenhando nas derivas preocupantes da sociedade francesa — um espaço de liberdade e igualdade de acesso, aberto a todos e todas sem distinção de renda, vestimenta, "identidade".

Segundo as notícias mais recentes, o shopping Les 3 Fontaines vai aumentar sua área em mais 15 mil metros quadrados, transformando-se de cima a baixo, em um ano e meio. O hipermercado Auchan passará a ocupar apenas um andar, no térreo. Esse mercado, onde passei duas horas por semana ao longo de vinte e cinco anos, se somará na minha memória ao Leclerc dos anos 1980 em Osny, onde comprei a última barra de chocolate para minha mãe hospitalizada, ao pequeno Carrefour da Avenue du Parmelan, em Annecy, com seu barril de vinho na entrada para os clientes se servirem, a todos esses lugares que percorri com meus contemporâneos de outras épocas, já distantes. Talvez exista uma melancolia específica dos hipermercados.

janeiro de 2016

FSC
www.fsc.org
MISTO
Papel | Apoiando o manejo florestal responsável
FSC® C011095

A marca FSC® é a garantia de que a madeira utilizada na fabricação do papel deste livro provém de florestas gerenciadas de maneira ambientalmente correta, socialmente justa e economicamente viável e de outras fontes de origem controlada.

Título original: *Regarde les lumières mon amour*

DIRETORAS EDITORIAIS Fernanda Diamant e Rita Mattar
EDITORA Eloah Pina
ASSISTENTE EDITORIAL Millena Machado
PREPARAÇÃO Cristina Yamazaki
REVISÃO Renato Ritto e Eduardo Russo
DIRETORA DE ARTE Julia Monteiro
CAPA Bloco Gráfico
IMAGEM DE CAPA Adobe Stock/ Gerado a partir de Inteligência Artificial por Suwanlee
PROJETO GRÁFICO Alles Blau
EDITORAÇÃO ELETRÔNICA Página Viva

Dados Internacionais de Catalogação na Publicação (CIP)
(Câmara Brasileira do Livro, SP, Brasil)

Ernaux, Annie
Olhe as luzes, meu amor / Annie Ernaux ; tradução do francês por Mariana Delfini. — São Paulo : Fósforo, 2024.

Título original: Regarde les lumières mon amour
ISBN: 978-65-6000-052-0

1. Ernaux, Annie, 1940- — Diários 2. Escritoras francesas — Diários 3. França — Vida social e costumes 4. Hipermercados — França (Cergy) I. Título.

24-219068 CDD — 848.9103

Índice para catálogo sistemático:
1. Escritoras francesas : Diários 848.9103

Cibele Maria Dias — Bibliotecária — CRB-8/9427

1ª edição
1ª reimpressão, 2024

Editora Fósforo
Rua 24 de Maio, 270/276, 10º andar, salas 1 e 2 — República
01041-001 — São Paulo, SP, Brasil — Tel: (11) 3224.2055
contato@fosforoeditora.com.br / www.fosforoeditora.com.br

Este livro foi composto em GT Alpina
e GT Flexa e impresso pela Ipsis em papel
Pólen Bold 90 g/m² da Suzano para a
Editora Fósforo em setembro de 2024.